Ninguém mata o arco-íris

José Cândido de Carvalho

Ninguém mata o arco-íris

4ª edição

Rio de Janeiro, 2013

© Herdeiros de José Cândido de Carvalho

Reservam-se os direitos desta edição à
EDITORA JOSÉ OLYMPIO LTDA.
Rua Argentina, 171 – 3º andar – São Cristóvão
20921-380 – Rio de Janeiro, RJ – República Federativa do Brasil
Tel.: (21) 2585-2060
Printed in Brazil / Impresso no Brasil

Atendimento direto ao leitor:
mdireto@record.com.br
Tel.: (21) 2585-2002

ISBN 978-85-03-01081-8

Capa: SERGIO LIUZZI /INTERFACE DESIGNERS
Desenhos: APPE

Livro revisado segundo o novo Acordo Ortográfico da Língua Portuguesa.

CIP-BRASIL. CATALOGAÇÃO NA FONTE
SINDICATO NACIONAL DOS EDITORES DE LIVROS, RJ

C324n

Carvalho, José Cândido de, 1914-1989
Ninguém mata o arco-íris / José Cândido de Carvalho. –
4ª edição – Rio de Janeiro: José Olympio, 2013.
302p.

ISBN 978-85-03-01081-8

1. Intelectuais – Brasil – Biografia. 2. Intelectuais – Brasil – Entrevistas. 3. Celebridades – Brasil – Biografia. 4. Celebridades – Brasil – Entrevistas. I. Título.

13-4721

CDD: 920.9305552
CDU: 929:316.344.32

Para
Barbosa Lima Sobrinho
minha admiração de sempre.

A
Pedro Steele
e
Luís Magalhães
trinta anos de amizade.

Sumário

Sobre o autor / 11

JCC: História pessoal / 15

Diabo manda lembrança / 21
AGRIPPINO GRIECO

Um Barão partido ao meio / 29
APARÍCIO TORELLY

Sonho não calça chuteiras / 38
ARMANDO MARQUES

O imperador do Largo do Boticário / 46
AUGUSTO RODRIGUES

Nada além do dia / 54
BIBI FERREIRA

Luar de nunca mais / 62
CACILDA BECKER

Contos de infância / 70
CHICO ANYSIO

Uma banda para a vida inteira / 77
CHICO BUARQUE DE HOLLANDA

Um homem do país das águas / 86
DALCÍDIO JURANDIR

Sonho também ajuda / 94
DELFIM NETO

O mágico da companhia / 103
DI CAVALCANTI

A glória dos simples / 113
DJANIRA

Ninguém compra o céu / 122
ELIEZER ROSA

A doença do luar / 129
EDU LOBO

Glória em tom maior / 135
ELIZETH CARDOSO

O "upper-cut" do destino / 144
FERNANDO BARRETO

Céu também esquece / 150
FERNANDO SABINO

Valsa e jasmim / 158
FRANCISCO MIGNONE

A cangalha e as asas / 164
GLAUBER ROCHA

São Francisco de óculos e botas de elástico / 171
HERBERTO SALES

Bife e alpiste / 178
JARBAS PASSARINHO

A maravilhosa lavoura / 186
JOSÉ OLYMPIO

Rei nagô em rosa / 195
JOÃOZINHO DA GOMÉIA

O amigo do rei / 202
JUCA CHAVES

O futuro manda lembranças / 210
JUSCELINO KUBITSCHEK

A receita imortal / 218
MARIA BETHÂNIA

A volta do menino de engenho / 225
MARCIAL DIAS PEQUENO

O bom gigante / 233
MÁRIO ANDREAZZA

Os pés da eternidade / 239
NÍLTON SANTOS

Assim no Céu como na Terra / 246
OSCARITO

A vida numa frase / 253
PAULO AUTRAN

Uma flauta em azul / 261
PIXINGUINHA

Nas mãos do luar / 270
RACHEL DE QUEIROZ

Ninguém mata o arco-íris / 278
TOM JOBIM

Jeremias é um gênio / 287
ZIRALDO

Índice onomástico / 295

Sobre o autor

JOSÉ CÂNDIDO DE CARVALHO, romancista, jornalista e contista, nasceu em Campos (RJ) em 5 de agosto (mas só foi registrado a 15 de agosto) de 1914 e faleceu em 1º de agosto de 1989, em Niterói (RJ). Filho de lavradores de Trás-os-Montes, norte de Portugal, aos oito anos, por doença do pai, deixou Campos (RJ) e foi morar algum tempo no Rio de Janeiro, quando trabalhou, como estafeta, na Exposição Internacional de 1922. Desses tempos fabulosos, os alegres anos 1920, o menino guardou lembranças inesquecíveis. Mas logo voltou a Campos, onde continuou a estudar em escolas públicas. Nas férias, trabalhava como ajudante de farmacêutico, cobrador de uma firma de aguardente e em uma refinaria de açúcar. Ao anunciar-se a Revolução de 1930, José Cândido trocou o comércio pelo jornal. Iniciou-se na atividade como revisor de *O Liberal*. Entre 1930 e 1939, foi redator e colaborador em diversos periódicos da cidade. Admirador de Rachel de Queiroz e José Lins do Rego, começou a escrever, em 1936, o romance *Olha para o céu, Frederico!*, publicado em 1939. Formou-se em 1937 pela Faculdade de Direito do Rio de Janeiro. Passou a morar no Rio, em Santa Teresa, e entrou para a redação de *A Noite*, um jornal de quatro edições diárias. No funcionalismo público, trabalhou como redator no Departamento Nacional do Café, mas ali ficou por pouco tempo. Em 1942, Amaral

Peixoto, então interventor no estado do Rio, convidou-o para dirigir *O Estado*, um dos grandes diários fluminenses. Com o fechamento de *A Noite*, em 1957, vai chefiar o departamento de copidesque de *O Cruzeiro* e dirigir, substituindo Odylo Costa, filho, a edição internacional da revista. Somente 25 anos depois de ter publicado o primeiro livro, José Cândido lança, em 1964, o romance *O coronel e o lobisomem*, uma das obras-primas da ficção brasileira. Ganhou os prêmios Jabuti (da Câmara Brasileira do Livro), Coelho Neto (da Academia Brasileira de Letras) e Luísa Cláudio de Sousa (do Pen Clube do Brasil). De 1970 a 1974, José Cândido de Carvalho foi diretor da Rádio Roquette-Pinto, quando veio a assumir a direção do Serviço de Radiodifusão Educativa do MEC. Eleito em 23 de maio de 1973 para a cadeira nº 31 da Academia Brasileira de Letras, sucedendo Cassiano Ricardo, foi recebido em 10 de setembro de 1974 pelo acadêmico Herberto Sales. Em 1975, foi eleito presidente do Conselho Estadual de Cultura do Estado do Rio de Janeiro. De 1976 a 1981, foi presidente da Fundação Nacional de Arte (Funarte), cargo para o qual foi convidado por uma de suas maiores admirações políticas, o ministro Nei Braga. De 1982 a 1983, foi presidente do Instituto Municipal de Cultura do Rio de Janeiro (RioArte).

Além do grande romance que o inscreveu na literatura brasileira como um autor singular, José Cândido publicou dois livros de "contados, astuciados, sucedidos e acontecidos do povinho do Brasil" e reuniu, em *Ninguém mata o arco-íris*, uma série de retratos jornalísticos. Sua obra de ficcionista é das mais originais, graças à linguagem pitoresca e aos personagens, ora picarescos, ora populares, extraídos do "povinho do Brasil".

Os livros que compõem a obra de José Cândido são: *Olha para o céu, Frederico!* (1939), *O coronel e o lobisomem* (1964),

Por que Lulu Bergantim não atravessou o Rubicon (1971), *Um ninho de mafagafes cheio de mafagafinhos* (1972), *Ninguém mata o arco-íris* (1972), *Manequinho e o anjo de procissão* (1974), *Os mágicos municipais* (1984), o romance inacabado *O rei Baltazar* e *Se eu morrer telefone para o céu* (2010).

O coronel e o lobisomem foi publicado em Portugal (*O coronel e o lobisomem*, 1971), Argentina (*El coronel y el lobisón*, 1976), França (*Le colonel et le loup-garou*, 1978) e Alemanha (*Der Oberst und der Werwolf*, 1979).

O filme *O coronel e o lobisomem*, lançado em 1978, representou o Brasil no Festival de Cannes, em 1979. Sob a direção de Alcino Diniz, faziam parte do elenco Maurício do Valle, Tonico Pereira, Maria Cláudia, Jofre Soares, Isabel Ribeiro, Louise Cardoso, Wilson Grey, Otávio Augusto e, em uma pequena figuração, o próprio José Cândido de Carvalho. Em 2005, *O coronel* volta ao cinema, dessa vez dirigido por Maurício Farias, com Diogo Vilela, Selton Mello, Ana Paula Arósio, Pedro Paulo Rangel, Andréa Beltrão e Tonico Pereira.

Em 1994, a TV Globo exibiu na Terça Nobre — Brasil Especial a adaptação da obra *O coronel e o lobisomem*, com roteiro e direção de Guel Arraes, tendo Marco Nanini no papel do coronel Ponciano.

JCC: História pessoal

A bem dizer, fui inaugurado em 1914, 24 horas depois de rebentar a Primeira Grande Guerra. Era agosto e chovia em Campos dos Goytacazes. Comecei com jeito de grandeza. Meu ideal era ser usineiro, viver no último andar de trezentos mil sacos de açúcar. Como isso não foi possível, tratei de realizar o subideal que era ser funcionário da Leopoldina. Sempre tive admiração toda especial por chefes de estação, espécie de donos de trem. Como esse subideal também não veio, tratei de escrever para os jornais da minha terra. Uma tarde, em plena década de 1930, entrava este José para a redação da *Folha do Comércio* por uma porta e Raimundo Magalhães Júnior saía por outra. Eu para escrever notinhas de aniversários e casamentos de comerciantes locais e Magalhães Júnior para iniciar sua prodigiosa carreira de grande jornalista e grande escritor. De jornal em jornal, realizei o sonho de todo o pai brasileiro do começo do século XX: ver o filho bacharel, fotografado de beca e de óculos. E bacharel saí na fornada de 1937, depois de passar, como o diabo pela cruz, através de lombadas de livros de alto saber jurídico. E uma ocasião, com a sacola soltando leis e parágrafos pelo ladrão, fui extrair da unha de um subdelegado um pobre-diabo qualquer. Foi quando constatei, para desencanto do meu canudo de bacharel, que mais vale ter a chave da cadeia do que ser Rui Barbosa.

Aborrecido, dei de mão numa resma de papel e escrevi meu primeiro romance, *Olha para o céu, Frederico!* Uns elogiaram, outros malharam. Embrulhado em suas páginas, arrumei, no Rio de Janeiro, o cargo de redator da velha e saudosa *A Noite*. E em seu manso seio fiquei até que o governo, a poder de bofetões, fechou o jornal em 1957. Dos cacos de *A Noite* pulei para os Diários Associados. Nesse meio-tempo, entre uma coisa e outra, caí no serviço público, com escrivaninha no Ministério da Indústria e do Comércio, onde procuro tirar o país da beira do abismo a poder de relatórios que ninguém lê. Quanto à ficção, é mato brabo no qual rarissimamente circulo, temente que sou de mordida de cobra e dente de lobisomem. Vejam que não exagero. Publiquei o primeiro livro em 1939, e o segundo, precisamente 25 anos depois. Entre *Olha para o céu, Frederico!* e *O coronel e o lobisomem* o mundo mudou de roupa e de penteado. Apareceu o imposto de renda, apareceu Adolf Hitler e o enfarte apareceu. Veio a bomba atômica, veio o transplante. E a lua deixou de ser dos namorados. Sobrevivi a todas essas catástrofes. E agora, não tendo mais o que inventar, inventaram a tal da poluição, que é doença própria de máquinas e parafusos. Que mata os verdes da terra e o azul do céu. Esse tempo não foi feito para mim. Um dia não vai haver mais azul, não vai haver mais pássaros e rosas. Vão trocar o sabiá pelo computador. Estou certo de que esse monstro, feito de mil astúcias e mil ferrinhos, não leva em consideração o canto do galo nem o brotar das madrugadas. Um mundo assim, primo, não está mais por conta de Deus. Já está agindo por conta própria.

Niterói, setembro de 1970.

José Cândido de Carvalho

Ninguém mata o arco-íris

35 retratos em 3x4

> Não fique triste
> com o espelho se
> o seu rosto é torto.
>
> GOGOL

Diabo manda lembrança
Agrippino Grieco

Logo de saída, Agrippino Grieco avisa:
— Acabo de vir do médico. Estou em forma.

Acredito. Vai atravessar o século em cima de suas fortes pernas de filho de camponeses. Rijo e narigudo. Aos poucos, o tempo foi fazendo dele uma ilha cercada de mil epigramas e de 60 mil livros. Falou mal de todo o mundo e todo mundo falou mal dele. Com uma desvantagem para Grieco: falou sempre bem mal dos outros. Sempre desancou os adversários em excelente estilo, no mais alegre e guisado estilo que alguém já inventou para dizer mal de alguém neste país. Agora, na sua casa do Méier, quase na marca dos oitenta anos, o velho diabo escreve, em chinelas, suas memórias, páginas e páginas em que a vida tem um encontro com um dos homens mais faiscantes do Brasil. São cinquenta primaveras de convivência com ideias, homens, acontecimentos e paisagens. E todo esse mundo é passado a limpo numa antiga máquina de escrever, espécie de mamute de parafusos e letras, mais velha do que as próprias memórias que datilografa. Lá está ela, cansada de guerra, sobre a mesa desarrumada de Agrippino, numa sala quieta de uma tarde de abril. Não é propriamente uma máquina. É um serpentário. Desse piano de dizer desaforos, que Grieco toca com um dedo só, têm saído os mais alegres ditos deste Brasil, as melhores caricaturas em palavras já feitas por mãos nacionais. A conversa do velho diabo tem feitio de festa italiana — bandolins, estandartes, flores, bandeiras com as cores dos pavões e piruetas de *clown*. As mãos de Grieco também falam. Seu nariz, como uma vírgula enorme, marca a pontuação. Começa o *show*.

UM DIABO, NO OUTONO

Digo e repito: neste começar de outono, o velho mestre de armas aguça seus instrumentos. Dá os últimos retoques nas suas memórias — meio século de recordações guardadas em baús e caixas de papelão. Um espetáculo com milhares de participantes, desde personagens austeros e conselheirais a pingentes da inteligência nacional. Há anões e gigantes, glórias de ocasião e glórias permanentes. Ninguém escapa. As memórias de Grieco são como os temíveis decretos do Sr. Castelo Branco, o marechal: se o sujeito consegue escapar da lei, morre no parágrafo. Agrippino, com esses dedos astutos, alisa estoques de recordações. E eu, com dedos cuidadosos, pego numa dessas páginas. É bonita como um jardim de residência antiga: há repuxos, murmúrios de águas, sombras de caramanchões e flores que não se usam mais, desde o manacá imperial ao resedá republicano. Sou todo atenção. Por baixo dessa beleza, um tapete bem tecido, pode surgir, por entre rosas e cravos, a agulha de uma cascavel. Estou morto. E morto no Méier, num outono sem Verlaine, encalhado entre 60 mil volumes de Grieco. Morro impresso e desencadernado.

IRONIA A DOMICÍLIO

Não poupa ninguém. Nem amigos nem parentes. Nem ele mesmo. Ao espelho, ao fazer a barba, certamente dirá coisas de Grieco. Conta Donatello, seu filho e belo escritor abafado pelos veludos da diplomacia:

— Em casa, sempre fomos mais ou menos farpeados pelo velho. Depois que meu mano Francisco de Assis e eu fizemos concurso para o Itamaraty, Grieco deitou frase dizendo que "no Brasil quem não dá para nada vai ser funcionário público, e quem não dá nem para isso vai ser diplomata".

A frase correu mundo. É antológica.

ELOGIO DA TRAÇA

Agrippino avança o nariz sobre a parede para mostrar um sujeito também narigudo, escritor do seu agrado e do seu convívio permanente: Eça de Queirós. Há ainda outras recordações que a vida dependurou na sala de Agrippino, desde quadros do seu cunhado Guttman Bicho a aquarelas compradas ao acaso de suas navegações pelo mundo, em Paris ou em Roma, em Belém do Pará ou no Largo do Rossio. Vou caminhando por entre os muros de livros de Grieco, os seus famosos 60 mil volumes. O Brasil, de cabo a rabo, está nesta montanha de papel e tinta, encadernado e naftalinizado. Falo das traças. Grieco abre os braços para elogiar essas inimigas do papel:

— Não há uma Sociedade Protetora dos Animais? Pois devia haver uma Sociedade Protetora das Traças, com planos de produção intensiva. É uma necessidade nacional, como o petróleo. Petróleo para as máquinas e traça para os maus livros.

Nisso o velho diabo do Méier está redondamente enganado. Traça que se preza não rói livro ruim. É o que garante o romancista Herberto Sales. E eu com ele.

NOVO E VELHO

Donatello Grieco conta, com bom humor, como, certa vez, em Portugal, sentiu funcionar o elixir da longa vida do pai. Nas ruas, diante dos casarões do Porto ou de Lisboa, Agrippino armava o seu circo de cavalinhos. Era sempre uma festa. Saudava o vento, o céu português, as flores, os jardins. E Donatello, ao lado, circunspecto, consular, em jeito de relatório. No caso, quem parecia ser o pai era ele, e Grieco, o filho...

MORTOS E VIVOS

Dona Isaura, dedicada esposa de toda uma vida, vem da cozinha com uma bandeja de café. Lá fora, o tempo é de guarda-chuva. Agrippino corre para fechar as janelas, de vez que tem horror ao vento. A conversa fica mais a cômodo, em modos de conversa ao pé do fogo, com histórias velhas de amigos velhos. Grieco é um zelador de cemitério. Boa parte de suas memórias tem atores mortos. É claro que há também gente viva, pois não só de cruzes é feito o mundo de Grieco. Mesmo assim, muitos destes vivos já estão falecidos, morridíssimos. Vivem por teimosia, de birra. Treinam para defuntos definitivos.

MÚSICA PARA A VIDA TODA

É com ternura e centelha que o velho Grieco fala dos seus dias antigos. Principalmente do Grieco menino, filho do bom Paschoal, italiano de Paraíba do Sul. A cidadezinha está inteira em seu coração. Sem retoques, sem remendos. Do fundo do tempo, de outros outroras, vêm vindo seus lembrados mortos. O Dr. Randulfo Pena, na íntegra Randulfo Augusto de Oliveira Pena. Uma boa figura, de barba grande, dessas que escorrem pelo peito e acabam entrando nos bolsos do colete. Ruas de nomes inesquecíveis: Rua das Flores, Rua da Palha. E aparece inteirinho o Largo das Palmeiras. Paraíba do Sul das procissões e ladainhas, com seus oficiais da Guarda Nacional imponentes e decorativos! Nos enterros e nas missas de sétimo dia, apareciam montados em devastadores espadões, eles que na vida do dia a dia eram pacatos negociantes de chitas ou de secos e molhados. Coronéis e majores mais engalanados do que caixão de defunto de primeira classe. Um deles, certa ocasião, foi rebaixado de posto pelas traças. Comendo algumas de suas divisas, esse oficial passou de capitão para alferes. E se não entrasse de naftalina em punho, certamente acabaria soldado raso. E tudo isso — ruas, praças, noites e luares — envolto em música de igreja, que para Grieco é a mais tocante das músicas. Sinos de Paraíba do Sul de 1888! Tocaram para Agrippino há mais de oitenta anos. E não pararam até hoje.

OS 4 GRANDES

Indago:

— Quais as suas grandes admirações brasileiras de todos os tempos?

A resposta vem fácil:

— Castro Alves, José de Alencar, Euclides da Cunha e Machado de Assis.

E é só.

A GLÓRIA A TANTOS POR OMBRO

O papo amigo entra em camarim de teatro. Sobre a mesa de Grieco, ainda não lido, vejo *As mil e uma vidas de Leopoldo Fróes*, excelente livro de um mestre da biografia brasileira, Raimundo Magalhães Júnior. Digo da doce viagem que fiz por entre as suas duzentas e tantas páginas. Agrippino aproveita para recordar atores e peças que encantaram o Rio de Janeiro de sua mocidade. E de repente, sem que eu esperasse, solta uma de suas lacraias de estimação nos calcanhares de conhecido teatrólogo nacional:

— Certa vez, em Lisboa, foi carregado em triunfo. Em seguida os transportadores voltaram para cobrar dele o carreto...

A glória a tantos por ombro.

VERDE, NÃO

Não empresta livros. E tem um medão danado de cachorros, embora tenha apregoado, em boa prosa, as virtudes deles. Não aprecia verduras. É inimigo pessoal dos agriões e das alfaces. Detesta o vento e o trovão. E crê, sem fanatismo, em coisas do além. Não que tenha visto algum fantasma, mas por não poder explicar certos acontecimentos. E, pelas dúvidas, mantém em seu quintal um bem regado e mimado pé de arruda. Não é verdura. É pé de coelho.

BRINCADEIRA DE MORRER

Não sei por que o nome de Manuel Bandeira entrou na conversa do Méier. Agrippino manda brasa:

— Há mais de cinquenta anos que Bandeira explora a morte. Há mais de cinquenta anos que Bandeira diz, em prosa e verso, que vai morrer. E não cumpriu a palavra...

Em verdade, Grieco não quer, nem de longe, a morte de Bandeira. Nem de Bandeira nem de poeta nenhum, mesmo desses que rimam sabão com limão.

MÁGOA DE FUNCIONÁRIO

Funcionário aposentado do Ministério da Viação, letra K, afirma Grieco:

— Veja como são as coisas! O alfabeto perdeu o K. O próprio cágado não tem mais K. Só a minha aposentadoria não sai do K.

A PROSPERIDADE DE SALOMÃO

Salomão Jorge foi, na vida de Grieco, uma espécie de gerente. Era o ministro da Fazenda de suas finanças. Administrava as conferências de Agrippino por todo o Brasil. Encerrado o ciclo de bate-papos a tanto por cabeça, Salomão foi para um lado e Grieco voltou ao Méier. Anos depois, estando em São Paulo, Agrippino recebeu um convite para verificar a assombrosa prosperidade do seu antigo gerente: palacete, piscina, pratarias, criados e carros às ordens. Salomão, ao transportar Grieco em seu vasto e luxuoso automóvel, observou a certa altura:

— Eu não disse? Deus olhou por mim.

E Grieco, passando a mão pelo rosto:

— Olhou não, Salomão. Deus fechou os olhos...

O DIABO DE CALÇAS CURTAS

Agrippino Grieco, fluminense de 1888, quase um século de bem ler e melhor escrever. Tem espalhado talento em tudo que escreve, em páginas definitivas ou no fogo de artifício de seus inigualáveis epigramas. No fundo, não quer mal a ninguém. Continua sendo o mesmo menino da Rua do Lava-Pés, o pegador de passarinhos dos campos de Paraíba do Sul. O menino que ainda agora, tantos anos passados e repassados, escuta nas noites sossegadas do Méier um rumor de águas antigas. É o rio de sua infância que está cantando.

Um Barão partido ao meio
Aparício Torelly

Aparício Torelly foi inaugurado em 1895. Era no tempo das diligências. Viajava sua mãe do Rio Grande para o Uruguai quando, de repente, numa curva de estrada, apareceu não o encapuzado dos folhetins de capa e espada, mas sim uma enorme pedra. E como deveis saber, pedra em caminho de diligência não é poesia de Carlos Drummond de Andrade. É uma topada. Com a palavra o próprio Aparício Torelly:

— Sou natural de uma estrada gaúcha. E digo os motivos. Viajava minha mãe em diligência quando uma das rodas teve um aro quebrado. Quis ver o que havia. Nasci.

Era janeiro. Havia sol e cigarras nos campos do Rio Grande do Sul.

UMA PEDRA NO CAMINHO

Hoje, 72 anos depois deste desastre de diligência, Aparício não é mais Torelly. Virou Aporelly, dono de um dos mais fervilhantes jornais brasileiros: *A Manha*. Proprietário por direito de trabalho e Barão por conta própria. Conta como entrou para a nobreza:

— Em 1930, vitoriosa a Revolução, cada um pegou sua fatia. O Bergamini pulou em cima da prefeitura do antigo Distrito Federal. Um outro cavalheiro, que nem revolucionário era, abiscoitou os Correios e Telégrafos. Outros patriotas menores foram exercer seu patriotismo, a tantos por mês, em cargos de mando e comando. Fiquei chupando o dedo, com uma mão atrás e outra também atrás, o que parece impossível mas é verdadeiro. Resolvi então entrar para a nobreza. Amanheci Barão.

Assim nasceu e cresceu o Barão de Itararé.

HEROÍSMO DE PAPEL E TINTA

E por falar em Revolução de 1930, 24 horas antes da deposição do cavanhaque de Washington Luís, o Barão, que sempre foi um sujeito destemido, lançou em seu lindíssimo jornal, *A Manha*, esta heroica manchete: "HAJA O QUE HOUVER, ACONTEÇA O QUE ACONTECER, ESTAMOS COM OS VENCEDORES."

ITARARÉ, POR QUÊ?

Mas, afinal de contas, por que Itararé? Podia ser Barão da Pedra Lisa ou Barão da Raiz da Serra. Mas escolheu Itararé. Itararé, saibam quantos estas linhas lerem, foi a batalha mais fantástica das Américas: simplesmente não houve. Estava programada para ser um dos memoráveis encontros militares do século e acabou não sendo. Ninguém deu tiros em Itararé. Mas tanto falaram, tanto badalaram, que Itararé acabou existindo. E mais de um sujeito comprou cadeira de herói como participante desse morticínio que não houve. O Barão, que na sua "tenda árabe de trabalho" ditava aulas de alta estratégia à Revolução de 1930, afirmou naqueles militares dias que atacar Itararé era uma besteira. Se Itararé estava forte, se Itararé era uma fábrica de atestados de óbitos, o melhor era passar de lado. Nada de sangue, menino! Nisso o Barão seguia os conselhos daquele indomável mestre de armas lusitano que dizia, enquanto afiava a sua jamais usada espada, que o perigo do duelo era às vezes correr sangue. O Barão brasileiro, como o mestre de armas português, sempre optou pela guerra a seco. Sem mortos ou feridos. Itararé, a batalha que não houve, só teve um mérito: fazer Aparício Torelly barão.

BARÃO, INÍCIO DE CARREIRA

Mas, senhores, Barão era apenas início de carreira. O filho do velho Torelly, bom homem dos pampas, queria mais. Um dia entrou em moda um certo especialista em passos de samba e tango argentino, logo aclamado, nos palcos nacionais, como o Duque Dançarino. O Barão, que jamais dormiu de touca, teve então uma ideia a gás néon: por que não abiscoitava também ele um título de Duque? Era uma promoção mais do que justa, ele que não tinha sido nomeado coisa alguma neste país, nem fiscal de circo de cavalinhos. Para o ducado baseava Itararé o seu ponto de vista em fatos concretos. É o próprio Barão quem explica:

— O Brasil era muito grande para tão poucos duques, mesmo sendo um deles o Duque de Caxias. Assim, nada mais natural que eu também fosse duque. Dentro do meu esquema, o Brasil ficaria com três titulares. O Duque de Caxias, que brigava e não dançava. O Duque Dançarino, que dançava e não brigava. E eu, Itararé, que brigo e danço conforme a música.

Mas o ducado ficou nisso.

AS BARBAS, ANTES OU DEPOIS?

Quero saber se as suas barbas, tipo conselheiro do Império, vieram com o Barão ou depois do Barão. O fidalgo esclarece:

— Não. Fui Barão sem barbas. Em 1935, em face dos acontecimentos da Praia Vermelha, enriqueci o meu recorde de prisões com mais um xilindró. Desta vez num navio-presídio, o decantado *Pedro I*, hoje falecido. Entrei para lá com barbas de Pedro I e saí com barbas de Pedro II.

UM HOMEM CÓSMICO

Outra faceta do Barão: não tem preferências por pessoas. É um homem sem ídolos, ou quase isso. Também a saudade, ao que parece, não é flor do seu jardim. Não tem baú de guardados, memórias. Mesmo assim, fala do Rio Grande do Sul do começo do século com algum encantamento. Lembra a Rua da Praia, as moças do tempo do gramofone, Porto Alegre de 1913. Era uma cidade de manso viver, todo mundo conhecendo todo mundo. O seu amigo Álvaro Moreyra é quem morria de amores por ela. Explica o Barão que ser gaúcho ou pernambucano não passa de um bairrismo ingênuo. É o mesmo que botar banca de importante ou ficar orgulhoso por ter nascido no Encantado ou no Largo do Boticário. O Barão balança a cabeça:

— Não tenho esses pequenos sentimentos. Hoje nem sou mais internacional. Sou cósmico.

E o Barão faz um gesto para o céu.

O PROCLAMADOR DE REPÚBLICAS

Mas há um momento em que os olhos de Itararé cintilam. É quando fala do seu tempo de estudante em Porto Alegre. Aconteceu há muitos anos. O século, a bem dizer, dava os primeiros passos, andava de chupeta na boca. Época boa essa em que o moço Aparício vivia proclamando repúblicas em Porto Alegre. Confessa com certo orgulho:

— Fui o maior Deodoro da Fonseca do Sul. Toda semana proclamava uma república de estudantes.

Nesses dias conheceu um personagem que seria importantíssimo no Brasil: Getúlio Vargas. Vez por outra, Getúlio vinha tomar café com ele, por ser muito ligado a Benjamin Vargas. Recorda:

— Beijinho era engraçado. Baixote, nariz em curva, dava tiros.

TIROS CONTRA UMA DÍVIDA

Benjamin era estudante como Aparício. E, como Aparício, proclamador de repúblicas. Conta o Barão, com infinita graça, o que aconteceu a um certo calabrês, sujeito do tipo palmeira, proprietário de pensão, ferrabrás que só funcionava no berro. Como um amigo dele e de Beijo Vargas, devedor do calabrês, viesse pedir asilo na pensão em que moravam, foi recebido com todas as honras do protocolo. E a coisa estava neste pé quando, do lado de fora, reboou a voz cobrativa do italiano. O pobre asilado quase rasgou os bolsos das calças na esperança de extrair deles algumas moedas aplacadoras do vozeirão do calabrês. Infelizmente o moço estava duro. Não havia dinheiro na república de Beijo Vargas. Que fazer, que não fazer? Mas, se não havia dinheiro, havia dignidade. Um estudante de leis lembrou não ser lícito cobrar dívidas fora de hora, com a noite a pino. Afinal de contas, estavam numa república, com leis e regulamentos. Aparício, da janela, apelou para a burocracia:

— Faça um requerimento!

O calabrês danou. E mais alto berrou pelo seu dinheiro. Beijo então resolveu recorrer às armas. E no meio da sala, de revólver em punho, proclamou o estado de guerra entre a sua república e o cobrador. E assim, já em feitio de *cowboy*, saiu na base do tiro. Todo mundo deu tiros nessa noite porto-alegrense de 1913. E na frente dos tiros, que eram cuidadosamente endereçados às estrelas, corria o calabrês em retirada desmoralizante. Foi tanta bala que um velhote da Rua da Praia, meio saído dos travesseiros, abriu a janela para perguntar, espantado:

— Estourou alguma guerra?

Não, não era guerra nenhuma. Eram as tropas de Beijinho Vargas repelindo uma dívida estrangeira.

ATÉ LOGO, OSVALDO!

Certa manhã, soube o Barão que um dos seus amigos, o jornalista Osvaldo Costa, havia sido preso. Imediatamente, sem mesmo passar o pente no cabelo, correu ao Herbert Moses. E de Herbert Moses em punho foi ao chefe de polícia. Enfim, a autoridade afirmou de pedra e cal que soltaria o preso no dia seguinte. E, de fato, soltou. O próprio Barão teve a oportunidade de verificar isso. Quando ele, sem barbas e em cana, seguia para o *Pedro I*, o tal navio-presídio, o Osvaldo vinha saindo dele, livre e lampeiro.

— Como vai, Osvaldo?

— Vou saindo. E você?

— Vou entrando.

Era 1935.

OS GÊNIOS DE *A MANHA*

Se não gosta do passado, adora falar de *A Manha*, o que é uma espécie de remexer em baú. *A Manha* foi um jornal fabuloso, iluminado pelas faíscas de talento de toda uma geração. Vejam alguns dos seus carros-chefes, os destaques desta famosa Escola de Bom Humor: Marques Rebelo, Álvaro Moreyra, Raimundo Magalhães Júnior, José Lins do Rego, Carlos Lacerda, Rubem Braga, Valdemar Cavalcanti, Pompeu de Sousa e Raul Lima. Dava-se ao luxo de ter um dicionarista, um grande mestre da língua portuguesa, só para as crases e as vírgulas: Aurélio Buarque de Holanda. Da sua famosa "tenda árabe de trabalho", o Barão ditava as regras do jogo. Dava ordens ao Brasil através do ridículo. Austeros homens de Estado apareciam, de olhos estrábicos, calçando chuteiras de jogador de futebol. Senhores funerários, desses que parecem relatórios de sociedades anônimas, ganhavam poses de *clown* nas páginas de *A Manha*. Não havia onça, por mais braba que fosse, que não levasse o guizo do Barão. Até o Papa.

O BARÃO EM TABLETES

Da vasta obra do Barão de Itararé selecionei os seguintes conceitos de vida e de morte:

- Uma chácara pode progredir até chegar a estado de sítio.
- Com dois olhos todos deviam ver em dobro.
- O limão é uma laranja de estômago azedo.
- Casaca é uma encadernação de luxo, que, em geral, vale muito mais do que o livro.
- Negociata é um bom negócio para o qual não fomos convidados.
- O que leva pobre para a frente é empurrão.
- Há Cadillacs de 80 cavalos sem contar com o proprietário.
- Anistia é um ato pelo qual os governos resolvem perdoar generosamente as injustiças e os crimes que eles mesmos cometeram.
- Testamento de pobre se escreve na unha.
- Todos nós temos a hora do rato e a hora da ratoeira.
- Os calos podem ser produzidos por sapato de qualquer cor.
- De onde menos se espera, daí é que não sai nada.
- Barbeiro é que mete a mão na cara de valente.
- Quem inventou o trabalho não tinha o que fazer.
- Definição do nada: uma faca sem cabo e sem lâmina.

UM BARÃO PARTIDO AO MEIO

Retratado por Portinari, Guignard e Pancetti, o Barão não conserva em casa nenhuma dessas três obras de arte. Mora num terceiro andar de uma rua perto do Largo do Machado.

Para falar com o Barão não há necessidade de audiência. É chegar e entrar. Bato na porta. E lá de dentro, fazendo curvas e pulando por cima dos livros, chega a própria voz de Itararé:

— Pode entrar, não tem cachorro.

Chego precisamente no momento em que o fidalgo, acamado há um mês, repele, a tiros de telefone, o avanço de um médico sobre a sua saúde. Diz o Barão:

— Tu, meu caro, não sabes nada. Ninguém sabe nada. E tu muito menos, que és médico por correspondência, formado pelo *Almanaque Cabeça de Leão*.

E assim por diante. Repelida a ameaça médica, digo ao que venho. Abre os braços e coloca os seus quarenta e tantos anos de bom humor às minhas ordens. Sobre a cama vejo um mundo de papéis e livros, austeros e graves volumes de velhas e complicadas sabenças. Itararé divide o seu precioso tempo entre o humorismo e a ciência. É um barão partido ao meio.

Sonho não calça chuteiras

Armando Marques

Corre mais do que Jairzinho e ganha tanto como Pelé. Suas chuteiras são famosas em quase todos os idiomas. E é o maior perna de pau do Brasil. Que nome tem essa glória e esse fracasso? Armando Marques.

ARMANDO, O CAVALHEIRO

Quando assina documentos oficiais, em cartório ou sem cartório, é na íntegra o cidadão Armando Nunes Castanheira da Rosa Marques, natural da praça do Rio de Janeiro, aparecido na folhinha de 1930. Quando veste a toga de magistrado da bola, de impecável corte à Cardin, encurta o nome. É apenas Armando Marques. Apenas uma vírgula! Que ser Armando Marques é ser, antes de tudo, um *gentleman*. Polido. Que fala de cristais ou de viagens com a competência com que marca uma penalidade bem marcada. Em resumo, um cavalheiro. Sem medo e sem mácula.

BONDADE EM QUILÔMETROS

É mansa a conversa no manso viver do apartamento carioca de Armando Marques, o juiz. Vem uísque, vem café, vem refresco. Vem tudo, que Armando tem o gosto das velhas e esquecidas hospitalidades. É jeito de família. O pai era assim, um certo e sempre lembrado José Nunes Marques, português à antiga, negociante de largo conceito e largas leituras. A casa dos Marques da Rua do Livramento nº 112 era uma casa portuguesa com certeza. O prato esperava o amigo. Nem era preciso dizer quem vinha almoçar ou jantar no 112. A casa estava sempre às ordens — era entrar e abancar, que o bom vinho e a boa comida à moda de Sintra ou de Trás-os-Montes nunca estavam ausentes. A vida inteira Armando vai recordar o pai, um José austero, de coração enorme, amigo de todo mundo, querendo um bem sem fim ao Brasil. Um homenzarrão de 120 quilos. Com milhares de quilômetros de bondade.

PERNA DE PAU EM ALTO-RELEVO

Podia ter sido médico, engenheiro ou contador. Não foi médico, nem engenheiro ou contador. Faz uma pausa e diz:

— Fui perna de pau, isso sim. Em assunto de perna de pau sou *hors-concours*. Imbatível. Sem igual em todo o Brasil.

E volta à Rua do Livramento em calças curtas, às peladas da Saúde, para dizer como nasce e cresce um perna de pau. Não é qualquer um que tem vocação para perna de pau, de vez que isso requer humildade. O perna de pau aparece feito. Não precisa cursar nenhum campo de futebol. É sempre um

Gérson ou um Garrincha pelo avesso. E Armando foi, segundo seu insuspeito depoimento, um perna de pau da cabeça aos pés. Um perna de pau em alto-relevo.

GARRINCHA PELO AVESSO

Não adianta dar ao perna de pau a bola mais mel de abelha, que a bola mais redonda, mais enfeitada e perfumada, em seus pés é bola perdida. Uma ocasião, o menino Armando exagerou o seu pernismo de pau. Gol aberto, três quilômetros entre uma baliza e outra. Ele e a bola, sem mais ninguém para perturbar o seu momento de Pelé. Que fez Armando? Fez o impossível, o que só um gênio em perna de pau podia fazer. Fez com que a bola, antes de entrar nos três quilômetros de arco vazio, batesse em sua mão. Diante de recorde tão grande de calhordismo para o futebol, certo garoto teve uma ideia sem igual. Bateu na testa e gritou:

— Bota ele pra técnico do time!

Como fosse o filho de José Nunes Marques, terrivelmente proprietário de todas as bolas do bairro, era esse um modo cômodo de ter Armando no time e não ter Armando no time. E foi assim, num dia assim, com um sol assim, que o menino da Rua do Livramento foi promovido de perna de pau a técnico. Um técnico exigente, que mandava fazer tudo aquilo que ele não sabia fazer. E quem não rezasse pela sua cartilha que fosse chutar em outra freguesia. Porque a bola era de Armando. E quem tem bola tem tudo.

À MEIA-LUZ

Vejo pelos cantos, no bom gosto de sua casa de Copacabana, os saldos de muitas viagens, peças de bricabraque, raridades que a fina mão de Armando colheu ao acaso de infinitas navegações pelo mundo. Já apitou em francês, espanhol, italiano, alemão, polonês, russo, tcheco, inglês e dinamarquês, sempre compreendido e acatado por todo esse samburá de idiomas. Não sendo suas viagens tão demoradas como as viagens de Gulliver ou de Pedro Álvares Cabral, na maioria das vezes mais curtas do que a vida de uma flor, não sobra tempo a Armando Marques para vagares turísticos de longa-metragem. Pula de uma cidade para outra, apita, pega a mala e vai embora. Vê o mundo em quadrinho: o perfil de uma torre, uma cidade que passa às pressas, um parque onde namorados falam em eternidades de amor. Mesmo assim, como é um finíssimo observador, vai encaixotando todas essas lembranças. E uma noite, de chuva ou de luar, desencaixota seus guardados. E conversa com eles. À meia-luz.

CIVILIZAÇÃO E *PÂTÉ DE FOIE GRAS*

E faz desfilar pelos meus olhos, em síntese de conta-gotas, suas impressões de turista a 180 por hora. Viajo com Armando pela Suécia, um país certo, tão certo como as marés que vão e voltam em hora certa. E de repente, faço o sinal da cruz. Estou em nação de vampiro, no país de Drácula, à margem de um Danúbio qualquer, azul. E vem Paris, dois mil anos de civilização, de vinhos, de francesas e de *pâté de foie gras*. Atravesso terras de Espanha e piso areias de Portugal. E paro em Lisboa, que Lisboa, com seu modo de avó antiga, está de cadeira de vime no coração de Armando Marques. Põe Lisboa nesta moldura de afeto:

— A mais adorável de todas as cidades, a que mais quer bem à gente. É a nossa casa portuguesa.

Deixo Lisboa e volto ao apartamento carioca de Armando Marques, onde o relógio diz que são cinco horas da tarde. Um resto de outono passa pelas cortinas da janela e vem morrer afogado num jarro de canto de mesa. Mansamente. Como um passarinho.

PELÉ E A BOLA

Não gosta, por questões de ética, de citar nomes de jogadores, constantes personagens de seu ofício. Tem admiração por todos, que para Armando, quando veste a toga de juiz, são todos iguais perante seu apito. Mas há um que Marques, por mais discreto que seja, não esconde o seu admirar: Pelé. Tem por Pelé a mais distinta das considerações. É medindo as palavras que Armando afirma:

— É um craque que sabe aproveitar as mínimas vantagens de uma partida. Ou as desvantagens.

Pelé nasceu para a bola como a bola nasceu para Pelé. Mais do que isso, adivinha o que a bola vai fazer. E por ser assim, quase um mágico, é que a bola, a mais irônica e volúvel das invenções, tem sido fiel a Pelé. Os dois vão viver a vida toda na mais doce intimidade. Em jeito de Cosme e Damião.

OBRA-PRIMA DE UM INSTANTE

E já que o assunto é bola, Armando acomoda melhor Armando no sofá e fala do gol mais bonito que seus olhos viram em mil partidas que dirigiu ou assistiu. Aconteceu num Santos x Benfica. Ia a partida mais ou menos, correndo à moda brasileira ou à moda portuguesa, quando Coutinho, companheiro de Pelé, e que com Pelé formou uma dupla de área de peso e respeito, pegou a bola e cobriu um dos zagueiros portugueses com um lençol de fino acabamento. Caiu a redonda mansamente nas costas do patrício, que reagiu para receber outro lençol, leve como seda. Foi uma jogada perfeita, uma obra-prima que acabou no fundo das redes. Um raro momento que devia ser copiado em mármore e colocado num museu de imortalidades. Como fazem com os quadros de Cézanne. Ou com os profetas do Aleijadinho.

O GOL IMPOSSÍVEL

Descreveu um gol imortal. E passa a falar de um gol impossível. Alisando a testa, como para friccionar a memória, diz:

— Foi durante uma partida entre o Vasco e a Portuguesa.

O personagem desse gol tinha sido um craque admirável, o franzino Telê, jogador que levava um saco de recursos a tiracolo. Lá a páginas tantas da partida, bateram um escanteio. A bola veio alta sobre a área e Telê, de cabeça, marcou contra o Vasco. Nem era preciso ser Telê, ou ter sido Telê, para consignar um gol com essa marca. Qualquer burocrata do futebol faz gol de cabeça. Mas a graça está em que Telê nem viu como foi. Contra os mais corriqueiros princípios, estava de costas para o goleiro, quando mandava o figurino que estivesse de frente, atento ao lance. Pois a bola, criatura ilógica e imprevisível, escolheu precisamente a nuca de Telê para brincar de fazer gol. E fez. Um gol impossível. Quase de anedota.

DESENCANTO TEM NOME DE JÂNIO

Armando conversa com a agilidade e a picardia de um consumado saltador de obstáculos. Às vezes altera a voz, gesticula, para melhor defender seus pontos de vista. Em verdade, Armando sabe dominar Armando como quer e quando quer. Mostra, por exemplo, meia porção de desencanto pela coisa política. E esse desencanto tem nome curto: Jânio. Votou em Jânio, batalhou por Jânio, confiou em Jânio. E um dia Jânio assinou meia dúzia de linhas com uma caneta esferográfica, pegou o chapéu e foi embora. Deixando o Brasil encucado, em verdadeiro balaio de caranguejos. E Armando:

— Veja só! Seis milhões de votos inúteis! Papel rasgado e nada mais do que rasgado.

O Brasil de Jânio Quadros, programado para durar quatro anos, acabou em sete meses. Com bilhete. Mas sem luar e sem violão.

SONHO NÃO CALÇA CHUTEIRA

Solteirinho da Rosa Marques, nascido e criado num bairro de gente bamba e valente, Armando chega aos 38 anos feliz com Armando. Nunca teve mágoas da vida, mesmo quando a vida pagava pelas suas apitagens meia dúzia de cruzeiros por noventa minutos de correrias em campos municipais de Maricá e Tribobó. Hoje, a música do seu apito, que encanta plateias do mundo inteiro, fatura tanto como a música de Chico Buarque de Hollanda ou a voz de Elizeth Cardoso. Mas nem os milhões nem a fama modificaram o filho do velho José Nunes Marques, soberano da Rua do Livramento. É o mesmo de sempre, o inalterável cidadão Armando Nunes Castanheira da Rosa Marques. Polido do mocassim à gola da camisa. Sonhou em ser um ponta-esquerda famoso. Acabou sendo o mais original e fascinante juiz do Brasil. O cavalheiro Marques aprendeu, no seu miúdo futebol de infância, que os sonhos não calçam chuteiras. Nem fazem gol.

O imperador do Largo do Boticário
Augusto Rodrigues

Este é o imperador Augusto. Não de Roma. Mas do Largo do Boticário. Dom Augusto Rodrigues. Com armas e barões assinalados.

DE AUGUSTO A PEDRO

Vai para mais de dez anos proclamou a independência do Largo do Boticário, uma praça com meia dúzia de casas, um samburá de passarinhos, dois pares de gatos, um rio colonial e um lampião que parece esperar a volta do senhor ouvidor-geral. Pois estava Augusto posto em sossego, na hora em que chegou um representante do fisco, muito taxante e muito multante, cobrando impostos sobre tudo, pássaros, azulejos, varandas, céus e telhados. Augusto achou isso uma falta de respeito, um calhordismo sem idade. Deu D. Pedro nele, foi para a margem do rio e gritou:

— Independência ou morte!

E, sacando de um copo de cerveja, desmembrou o Largo do Boticário do Rio de Janeiro, do Brasil e do mundo. Para sempre independente.

ENTRE SONHOS E TIJOLOS

O certo é que Augusto é mais Augusto no Largo do Boticário. Que Paris, que Londres, que nada! Lugar para esse Rodrigues viver é no Boticário, perto do rio, acordado a bico de passarinho e adormecido a poder de cafuné do luar. É íntimo dele. Sabe suas manias e artimanhas. Sabe quando é tempo de jasmim e em que mês brota a flor-da-noite. É mansa e doce a vida no país do Boticário. Tão mansa e doce que Augusto esquece que o Rio existe. E, quando falam na Rua do Ouvidor ou no Beco das Cancelas, é como se falassem em coisas distantes, para além dos mares. Há anos que não passa pela porta da Colombo e muitos trechos do Rio novo Augusto só conhece de fotografia. Porque o Rio tipo 68, mecanizado e apressado, não é o Rio do seu melhor amor. Em verdade, o Rio do querer bem de Augusto acabou em outros carnavais. Morreu quando deram um tiro no pé do ouvido da Galeria Cruzeiro. Que desabou mortinha no asfalto. Entre sonhos e tijolos.

A CASA DE TODO MUNDO

Mas nem sempre morou no Boticário. Muitas moradas teve ele. Uma delas, inesquecível, a do Passeio Público. Era uma peça pequena, atulhada de tintas e livros. Mas onde sempre cabia mais um, como nos antigos e mortos bondes da Light. Muitos amigos moraram até nos estribos do apartamento do Passeio Público. E tantos eram que Augusto foi obrigado a promulgar uma Constituição para seus habitantes. Criou dois turnos, o turno do dia e o turno da noite. Um só entrava depois que o outro saía. Certa noite, vindo do ofício duro dos jornais, Augusto, a dois palmos do sono, regressou ao Passeio Público. Bateu na porta para ver, do lado de dentro, a cara redonda e imortal de Antônio Maria. E, antes que o cansado Augusto falasse, o grande Antônio explicou:

— Teu apartamento pegou mania de grandeza. Hoje exorbitou. Recebeu lotação para um hotel. Eu mesmo, que sou de casa, fui desterrado para a cozinha. Estou dormindo em cima do fogão. E por muito favor, Seu Augusto!

E fechou a porta. Sem esperar pelos trocos.

ÍNDIO EM MORTADELA

Era um apartamento fantástico, onde tudo podia acontecer. Uma ocasião deu índio nele. Augusto não sabe, até hoje, se era índio propriamente dito ou índio de macumba, invenção de Antônio Maria ou de Fernando Lobo. Também não quis saber. Foi dormir e deixou o índio entalado com um sanduíche de mortadela. Outra noite encontrou, refestelado em sua poltrona, de pijama listrado, um sujeito que Augusto nunca tinha visto mais gordo. Com modos de dono, o de pijama listrado quis saber, quase aos berros, o que desejava Augusto Rodrigues:

— Perdeu alguma coisa?

O dono da casa explicou que vinha no rasto de um desenho esquecido, que devia levar para *Dom Casmurro*. E o sujeito do pijama:

— Está bem! Mas não demore. Quero dormir.

Antes que desse onça ou mula sem cabeça do Passeio Público, Augusto resolveu mudar. Até que um domingo, de velas embarrigadas, sua navegação ancorou no Largo do Boticário.

Desceu, rezou a primeira missa e tomou conta da terra e tudo o que mais nela havia de dadivoso e bom. Como bom cristão e bom Rodrigues.

A VANTAGEM DE USAR CHAPÉU

Debruçado sobre a varanda, de onde governa o Largo do Boticário, Augusto comenta:

— Houve época em que eu, mesmo dentro de casa, só trabalhava de chapéu na cabeça. Como se estivesse de saída.

E, brincando, informa que era uma espécie de mágica usada contra os invasores da tranquilidade do seu reino. O intruso chegava e esbarrava no chapéu de Augusto Rodrigues. Pronto para zarpar. Na aragem do primeiro chato.

MAIS AUGUSTO QUE O PRÓPRIO

E, enquanto a tarde inventa seus primeiros morcegos, Augusto, de xícara de café na mão, fala de Augusto. Em verdade, o que conta todo mundo sabe, pois Augusto Rodrigues, pernambucano importante e famoso, é território sem segredos. Sua vida, como o Largo do Boticário, é um belo livro aberto, às ordens de qualquer par de óculos. Muita gente sabe mais coisas de Augusto do que o próprio. Como aquele cavalheiro que falava de Augusto como se Augusto Rodrigues fosse. Aconteceu em Recife, numa de suas visitas de matar saudades da Rua Aurora e do Capiberibe. O homem chegou e começou a falar de Augusto Rodrigues com uma precisão de ficha confidencial. Sabia tudo, era um dicionário, com as inaugurações e principais feriados da vida de Augusto Rodrigues. Quando o falador foi embora, os amigos quiseram saber quem era o sujeito que tão bem falava sobre Augusto. E Augusto, com a mão no queixo:

— Estou desconfiado que ele é o próprio Augusto Rodrigues.

O certo é que o homenzinho era mais bem informado sobre Augusto do que o próprio Augusto.

ETERNIDADE RECAUCHUTADA

Alguém requisita seu ouvido ao telefone. É um conhecido que deseja saber coisas sobre um pintor recentemente falecido. Augusto desliga e diz:

— O Brasil é um país fabuloso! Esquece rapidamente seus grandes homens. Fora cinco ou seis que estão atarraxados e fundidos na História do Brasil, o resto não conta. Às vezes penso até que Villa-Lobos nunca existiu.

O bom humor de Augusto, sempre presente em sua obra e sua vida, desenvolve curiosa e engraçada teoria do Brasil sem memória, onde não há glórias permanentes. Todas, maiores ou menores, podem ser transferidas, aposentadas ou até exoneradas. Sem aviso ou indenização. E cita um exemplo novo em folha:

— O Garrincha, seu doutor! Está vivinho como nunca e já esquecido. Foi um gênio. Alegrou milhões de brasileiros com seu incomparável talento. Devia ter uma estátua em cada campo de futebol. Pois não tem. Tem as ruas para andar com as suas pernas tortas que não fazem mais gols.

Lembra Augusto Rodrigues que as imortalidades nacionais têm que ser redescobertas a cada geração. Ensaboadas, escovadas e envernizadas. Glórias recauchutadas.

SÓ OS ANJOS SÃO NEUTROS

Há muitos Augustos neste Augusto do Largo do Boticário. Já foi pintor de paredes e só não continuou no ofício porque uma cliente, a golpes de machucador de cozinha, esborrachou sua começada carreira. Falou deste modo ao contramestre das obras:

— O moço é um borra-tintas. Nem para caiar paredes leva jeito, quanto mais para serviço fino.

Augusto concordou. Como não dava para pintar paredes foi fazer charges e bonecos, as mais inesquecíveis charges e bonecos brasileiros dos últimos trinta anos. Quando seus primeiros traços, inconfundíveis e alegres, apareceram, foi sucesso total. E durante anos Augusto andou espalhando seu talento em fatias pelo *O Estado de São Paulo, A Noite, Vamos Ler, O Jornal, O Cruzeiro* e *Carioca*. Ajudava a aumentar as tiragens como hoje Pelé ajuda a engordar as rendas do futebol. Quando veio a guerra de 1939, Augusto olhou o bigode de Hitler e o queixo oitavado de Mussolini e disse:

— Só os anjos podem ser neutros, de vez que nada têm a ver com esta guerra. Estão fora do alcance dos canhões.

Muito antes do Brasil, Augusto tinha pegado em armas contra o fascismo nacional e estrangeiro. Os canhões do seu bom humor, com as melhores balas dos Rodrigues, foram postos às ordens do mundo livre. E sua guerra particular contra Roma e Berlim só acabou quando a Alemanha de Hitler acabou. Num montão de cacos. Com a cruz suástica por cima.

VOLTA AO MARAVILHOSO

Foi quando inventou uma das invenções mais bonitas e sérias deste país: sua Escolinha de Arte. Depois de viver na terra dos homens, Augusto navegou para a terra das crianças. Há vinte anos fez essa fascinante viagem, a mais sensacional de sua vida. De repente, na intimidade das crianças, entre mãos miúdas que faziam sapos de asas e elefantes mais leves que borboletas, sentiu que tinha descoberto o maravilhoso. Voltava a ouvir as arquivadas vozes dos bichos, como na época em que os bichos falavam. E voltava a encontrar velhos e perdidos heróis, deuses e mágicos. Como em seus dias de menino.

Nada além do dia

Bibi Ferreira

Diz que é Bibi Ferreira e nasceu no Rio de Janeiro. Acredito. Tem sotaque de paulista, pão-durismo de mineiro, cara de nortista, entusiasmo de gaúcho e gosta da Bahia. Também acredito. Como também acredito no talento de Bibi, uma das mais fascinantes presenças do teatro brasileiro dos últimos vinte anos. Quem tem Bibi tem tudo: casa cheia, sucesso garantido e faturamento alto. Bibi é uma instituição nacional.

BIBI SIMPLES

Converso com essa instituição nacional em fim de tarde, numa das raríssimas folgas que tem. Bibi, que viveu uma centena de vidas, desde personagem do velho Martins Pena à estrela esfuziante de *My Fair Lady*, gloriosa dos pés à cabeça, é uma criatura simples, que não atravanca o caminho de ninguém com a sua importância e fama. Converso com ela entre um chope e uma água mineral. Chope para mim, água mineral para Bibi e a passarela da Avenida Atlântica para nossos olhos. Bibi está à vontade, porque estar à vontade, no palco ou na vida, é um privilégio seu. Podia ter trazido rosas ou lilases para Bibi.

Não trouxe. Podia ter trazido um amarrado de poemas para Bibi. Esqueci. Mas dei de presente à *My Fair Lady* o pedaço mais bem apanhado do céu carioca deste começo de outono. Agradeceu:

— Um presentão! O pior é o transporte. Só mandando encaixotar...

Ideia genial! Tardes cariocas empacotadas.

CONVERSA DE NARIZ

Pergunto pelo seu antigo nariz:

— Que fim levou?

Bibi não encabula e diz:

— Troquei por este, mais moderno. Assenta melhor.

É partidária da mudança de narizes. Quem não estiver satisfeito com o nariz da primeira dentição, não deve perder tempo. É botar o utensílio no torno de um bom doutor que ele sairá dessa oficina medicinal totalmente desempenado e com pintura nova. Foi o que Bibi fez. Confessa que hoje, de nariz novo, é uma outra Bibi. Mais ágil, mais feliz. Até que o outro nariz era camarada, amigo de muitos anos, ainda em bom estado de uso. Um tanto chanfrado, um tanto antifotográfico, mas dava para os gastos. Enfim, era o seu nariz disponível. Bibi explica:

— Se era o que tinha, não era o que pedi a Deus. Havia no caminho dele um osso. Resolvi expulsar o osso do meu rosto. E ganhei um nariz que, modéstia à parte, tem sido muito elogiado. Fico muito à vontade para falar assim porque não participei do seu recauchutamento. É nariz de consultório.

Concordo. O antigo, peça original, falava espanhol, francês, inglês e arranhava o alemão. O nariz de agora, com a vantagem de ser em cruzeiros novos, também fala todos esses idiomas. E com melhor pronúncia.

BIBI EM BOLA DE CRISTAL

Conversa puxa conversa. E desemboca em zona de assombração. Bibi nunca viu nenhum fantasma de porte, desses de quebrar mesa de sessão espírita. Quando muito, pequenas dúvidas da noite: uma sombra que passa, uma voz sem boca que diz coisas. Agora, que Bibi adivinha, adivinha. Não sabe como adivinha, que isso não é de sua conta nem da minha. Certa ocasião, amigos seus discutiam assuntos históricos. Bibi só fazia ouvir. Foi quando um deles, batendo a mão na testa, quis saber em que dinastia viveu um certo e movimentado faraó de nome Tutancâmon. Bibi matou na mesma hora a dúvida:

— Na Décima Oitava Dinastia.

Avançaram todos sobre um velho e arquivado Larousse, o *Petit*. E das páginas desse pai dos burros surgiu, em toda a sua glória e esplendor, mumificado e histórico, o velho faraó. Bibi tinha razão. Sem saber, por intuição, havia acertado.

— Tenho dessas coisas — diz.

Mas, para adivinhar números de bilhetes de loteria ou o bicho do dia, não dá. O adivinhador de Bibi só trabalha na base do antigo, em direção aos dias idos e vividos. Um atrasadão!

AULA DE TRÂNSITO

Mania que Bibi tem: relógios antigos. Mania que Bibi não tem: automóvel. De uma feita, um amigo quis que aprendesse a dirigir. E botando Bibi em seu carro:

— É mole. Está vendo aquele sinal verde no poste?
— Que poste?
— O que está bem na frente de um letreiro de casa comercial.
— Que casa?
— A mercearia que fica naquele bruto edifício de vinte andares.
— Que edifício?

O amigo parou o carro e expulsou Bibi de sua escola de motorista. A filha de Procópio Ferreira não enxergava nem de longe nem de perto. Nem com óculos nem sem óculos. Nada.

A DOCE VIDA

Por Bibi, pelo seu gosto, a vida andava de tílburi. Nada mais lírico e seguro do que uma caleça. Como no tempo de *My Fair Lady* ou *Hello, Dolly*. Todo mundo a pé, sem cheiro de gasolina ("Dizem que faz câncer"), sem guardas de trânsito ("Sua carteira, seus documentos"), sem máquinas de fazer picadinhos dos transeuntes ("Atropelado por um ônibus dentro de casa quando lia o *Diário Oficial*"). Não inventaram o automóvel? Pois que se arrumem com ele, enervante, buzinante, matante. Faz mais atestado de óbitos do que a peste, o câncer, o enfarte e seus filhotes. Bibi não pode imaginar Bibi na direção de um carro.

— Nunca!

Daria vexames para o Brasil inteiro. Ouviria coisas impublicáveis. A olho nu ou de óculos.

VELOCIDADE EM FAMÍLIA

Se Bibi só navega na base do tílburi e da caleça, Dona Aída Ferreira, mãe da estrela famosa, é do pé na tábua. Por ela, já estaria a bordo de um *Sputnik*, entre estrelas e cometas. Uma ocasião, estando Bibi posta em sossego, um teco-teco passou tirando um fino do seu telhado. Bibi correu a tempo de ver quem dirigia tão tresloucada máquina. Era a alma de Santos Dumont em férias? Era Lindbergh em voo moderno? Era algum membro da "esquadrilha da fumaça"? Não senhor. Era Dona Aída em voo rasante, em homenagem às famílias do bairro e adjacências. A mãe de Bibi, por achar os carros modernos verdadeiras tartarugas, partiu para as altas velocidades. Tirou brevê de piloto.

A FILHA INVENTADA

Bibi, com aquele seu feitio alegre de falar quase fechando os olhos, deixa essa confidência:

— Tenho uma filha de carne e osso que se chama Teresa Cristina e outra sem carne nem osso que se chama Claudina. Claudina é feita de imaginação e palavras. Não existe. É uma invenção minha.

Olho para o telefone pensando no número do hospício. Mas dou marcha a ré na ideia do telefone e do hospício para voltar à conversa de Bibi.

— Pois é. Tenho tirado muito proveito dessa minha filha sem carne e sem osso.

E explica, com engenho e graça como funciona Claudina. Claudina, que até data de aniversário tem ("É de 25 de janeiro, do signo de Capricórnio"), é uma válvula de escape para Bibi. Ou melhor, é a bronca pelo facilitário. Bibi chega em casa e nota, por exemplo, que as coisas não estão em seus devidos lugares. Chama Claudina e diz tudo o que devia dizer a um punhado de gente. Claudina ouve a bronca de bico fechado. E promete não fazer mais bobagens. Mas faz.

NADA ALÉM DO DIA

Vive, como manda a Bíblia, a sua vida de cada dia. Não tem planos de longa cabotagem. Tudo que estiver para além das próximas 24 horas é para Bibi como uma viagem sem fim, quase uma excursão aos perdidos desertos da Ásia. Explica o motivo:

— Tive uma amiga, muito metódica, que fazia planos quinquenais. Se queria viajar em agosto, comprava passagem em maio. Infelizmente, a última planificação da minha amiga não deu certo. Por erro de cálculo, comprou passagem para Paris e viajou para outro lado: para o Céu. A gente pensa. Vou sair amanhã de vestido claro, dar um passeio na praia, fazer compras e visitar as amigas. Vem o dia seguinte e a gente sai de vestido preto, de capa, não visita os amigos e vai a um enterro. Chove pra burro e a solução é o guarda-chuva, que absolutamente não tinha nada com a nossa história. Planos para o futuro não faço. Não tenho imaginação para isso.

Bibi de pés na terra, Bibi previdente, Bibi nada além de 24 horas.

BATATAS PARA BIBI

Se quiserem, senhores e senhoras, agradar Bibi, o caminho mais curto é a batata: purê de batata, nhoque, que é de batata, sopa de batata, bolo de batata, batata frita e batata não frita. E para variar, como sobremesa, doce de batata. E, se houver alguma bebida à base de batata, é mandar, que ela traça.

IDEAL EM FRANCÊS

Faço uma pergunta sobre tipos:
— Qual o seu ideal em matéria de barba e bigode?
Bibi, viva como um relâmpago, não perde tempo:
— Gérard Philipe.
E, como um relâmpago, indaga de mim:
— Qual o tipo sem bigode e sem barba que o amigo prefere?
Sou um exagerado. É lambendo os beiços que uivo:
— Todas as mulheres do mundo!
Não era um desejo. Era o título de um filme.

BIBI GOSTA, BIBI NÃO GOSTA

Bibi não gosta de falar ao telefone, de jantar de cerimônia, de buzina de automóvel, de uísque, de sapato apertado, de má língua, de festas, de carne, de tirar fotografias, de avião, de motor de dentista, de perfumes, a não ser uma certa e especial água-de-colônia. Mas Bibi gosta de riso de criança, das crônicas de Fernando Sabino, de cheiro de terra molhada, de verniz de unha, de passarinhos sem gaiolas, do velho Vargas, de céu limpo, de conversa velha com amigo velho, de Bernard Shaw, de noite de chuva com boa leitura, de lilases, de Beethoven, de Debussy e de Bach. E da vida.

E OS CAVALEIROS DA TÁVOLA REDONDA?

Pergunto:

— Em matéria de coração, como vai o seu câmbio?

Bibi tem resposta na ponta da língua:

— Sozinha, tão sem ninguém, que não tenho quem me leve a uma sessão de cinema.

Vejam que país o Brasil! Uma moça como Bibi, com a graça de Bibi, com o talentão e mil encantos de Bibi, não encontra um cavaleiro da Távola Redonda para levar tão famosa e prestigiosa companhia a uma pequena sessão de três horas e meia de cinema. É o fim.

CAI O PANO

Como também é o fim do nosso bate-papo. Aperto a mão de Bibi. Um dia a gente volta a conversar, numa tarde qualquer de um tempo qualquer, entre um novo chope e uma nova água mineral. Até logo, *My Fair Lady*. Adeus, minha querida dama.

Luar de nunca mais
Cacilda Becker

Tem nome alemão. Mas é a mais brasileira das criaturas do Brasil. E a mais paciente. Suas mãos, que esculpiram em vento gestos imortais, são capazes de desfazer nós em pingo de água ou botar em ordem militar, em fila por um, o mais complicado balaio de caranguejos. Nome dessa glória e dessa paciência: Cacilda Becker.

CHATO DE CARREIRA

Se houver um concurso mundial de paciência, a brasileira Cacilda ganha pelo telefone. Nem precisa fazer inscrição. É *hors-concours*, diplomada e laureada. Todo mundo arrepia carreira quando sente a presença de um chato, seja de rebite ou de galocha. Cacilda não. Sua capacidade para aturar esses profissionais do tédio é infinita. Não faz, por exemplo, como Raimundo Magalhães Júnior. Certa feita, cercado por um sujeito cacete que teimava em ler para ele dez quilômetros bem medidos e pesados de um dramalhão policial, Magalhães não teve dúvidas. Não resistindo a tão circunstanciado relatório, pulou no meio da sala, bateu no ombro do Conan Doyle nacional e disse em tom intimativo:

— Ou o distinto diz logo, antes da meia-noite, quem matou o pai da moça, ou vai morrer agora mesmo, ouviu?

O chato não ouviu, que chato de carreira não é de ouvir coisa alguma. E impávido e inexpugnável continuou sua conversa miúda, cheio de vírgulas e pormenores. E o esplêndido Raimundo Magalhães Júnior ficou sem saber, até hoje, quem assassinou o pai da moça.

JÓ DE SAIAS

Cacilda é diferente. Atura, de corpo presente, o chato mais de galochas do mundo. Não chama a polícia nem pede asilo na embaixada da Inglaterra. Enfrenta o problema com paciência e dignidade. Uma ocasião, em sua casa, ancorou um desses técnicos do tédio, contabilista aposentado de um falecido Montepio Municipal. Possuía ares de guia do imposto de renda e era muito capaz de transformar uma rosa em relatório do Banco do Brasil. Assim tão bem aparelhado, logo de saída o homenzinho do Montepio Municipal botou dois pares de ouvidos a nocaute. O resto foi trabalhinho fácil para sua chatice. Quando, lá para as tantas, começou a descrever a importância fundamental do livro-caixa, não havia mais ninguém aceso na sala. Menos Cacilda Becker. Com paciência de quem faz crochê com fio de aranha, aguentou, sem fechar olhos, as rajadas de sono que saíam, melancólicas e arrastadas, da boca do provecto servidor. Cumprida a missão, esse tédio de colarinho e galochas pegou o chapéu, pediu desculpas e foi embora. E como despedida deixou esta advertência:

— O que mata o Brasil não é a saúva. É a falta de relatório, minha senhora. Pode crer, minha senhora. É a falta de relatório!

Engraçado! Cacilda até que gostou do homenzinho do Montepio Municipal. Sem dúvida, um chato. Mas com certa dignidade. Sem nenhum faniquito ou frescura intelectual. Muito ele. Um chato de tarraxa.

A VOZ DA TERRA

Filha de ilustre mestra de letras, a professora rural Alzira Leonor, Cacilda andou, em menina, pulando de fazenda em fazenda, de escola em escola. Tem, por isso, uma grande intimidade com a terra. E sente o seu chamamento. O melhor Ma Griffe para Cacilda é o cheiro da chuva. E a melhor música é a do tamborzinho da água batendo no telhado. A simplicidade dessa Becker, famosa dos olhos de avelã ao bico do sapato, vem desses dias antigos. Bem sabe ela, com seu saber roceiro, que nada mais descomplicado do que uma florzinha do campo. Coisa mais rica não pode haver! E que poderoso banqueiro ou que rei do petróleo pode vestir panos mais bonitos? Nenhum!

BRASIL PARA A FRENTE

Repito: é a mais brasileira das criações do Brasil. Gosta do Brasil de graça, de vez que o Brasil não tem feito nada por Cacilda. Mas é vidrada pelo Brasil e está acabado. Principalmente pela terra e pelas gentes que nela habitam. Vê o país verde-amarelo com os mesmos olhos encantados do velho escrivão das caravelas, o bom Pero Vaz de Caminha. Com alguns retoques: não é patriota de desfile nem de feriado nacional. Seu patriotismo não é em comissão. É vitalício como o Pão de Açúcar ou a Serra da Mantiqueira. Conhece o país de fio a pavio. Com olhos de ver e não através de cartões-postais. E sente, por isso mesmo, que a realidade brasileira não é, na maioria das vezes, a realidade de seus dirigentes. E fazendo brincadeira de paulista para paulista, de Cacilda para Delfim:

— Quando, por exemplo, ouço o meu querido amigo e talentoso ministro Delfim Neto falar do seu Brasil financeiro, tenho relâmpagos de entusiasmo. Mas logo a conta do vendeiro varre, com vassoura fina, esse entusiasmo para a cesta dos papéis inúteis.

Em todo o caso, Cacilda tem fé no Brasil. Faz fé no Brasil. Um dia a nação pega vento favorável e sai para as suas descobertas. Para navegações de alto-mar, para a grande aventura. E não para passeios de pequena cabotagem.

O TELEFONE

Depois de uma batalha campal, após dez anos de papéis e contrapapéis, Walmor Chagas conseguiu, para a sua casa paulista, um telefone. Vejam só! Diante da notícia Cacilda não deu saltos de alegria nem preparou comeretes e beberetes com discurso em família. Sobre o telefone tem ela jurisprudência firmada:

— É o pior dos chatos, porque é um chato obrigatório.

Detesta tanto falar ao telefone como ver televisão ou participar de esticadas em boate. Concorda que o Graham Bell é uma desgraça necessária. Quem tem telefone não tem sossego. Para princípio de conversa, ninguém telefona para dizer que a gente tirou a sorte grande ou herdou grossa bolada de um inesperado tio que bateu as botas em França ou em Freixo-de-Espada-à-Cinta. Quando, por exemplo, alta noite, o negro aparelho abre sua boca de campainha, o cliente pode contar. É missa de sétimo dia no outro lado da linha. No mínimo informa a antipática engrenagem que o amigo do peito, ou o primo mais querido, bateu asa e voou para o céu. Telefone, em horas mortas, não faz por menos. Ou é enfarte ou é contrato gorado.

OS SENSACIONAIS

Se não gosta de telefone, adora pintura. Seu pequeno apartamento no Rio, cacildamente simples, está cheio de reproduções que vão de Picasso a Van Gogh. Gostaria de pintar e desenhar como profissão. Uma tarde viu uns certos azuis de Portinari e ficou cativa dele. Mas nem só de Portinari vive Cacilda. Vive também de Djanira e Flávio de Carvalho, que acha tão importantes como as coisas mais importantes do Brasil. Outras de suas admirações permanentes: Beethoven, Mozart, Villa-Lobos, Bach e Brahms. E os Beatles. Não os falsificados, como o uísque escocês de Catumbi. Mas os autênticos, os da inigualável marca inglesa. A essa altura, Cacilda diz com dois pingos de tristeza:

— Se tivesse vinte anos mandava brasa no iê-iê-iê.

E, falando de música, não esquece uma das suas mais recentes admirações, a baianíssima Maria Bethânia. Provocativa, trepidante, sensacional. Maria Bethânia da Bahia. De todos os santos e de todos os canjerês.

SOUFFLÉ E VAN GOGH

Há 25 anos que Cacilda Becker honra este país com uma arte fascinante e inigualável. Alguns gestos seus deviam ficar dependurados, em placas de mármore, nos palcos do Brasil. Já viveu muitas existências. Foi criada de servir, dama e rainha. Quando tem tempo gosta de viver sua vida, que não é feita de papel nem de textos. Adora o doce sossego de sua casa, onde circula entre gravuras na parede e caçarolas na cozinha. Só recentemente descobriu que levava jeito para coisas de forno e fogão. E desandou a mexer em panelas e panelões, em bifes e refogados. Às vezes é Cacilda Becker do *soufflé* de camarão. Outras vezes é Cacilda de Van Gogh.

LUAR DE NUNCA MAIS

É encantada pela chuva. Não chuva urbana, que só faz lama e não produz nada. Mas chuva de roça, de água criadeira, de dar verde até em cabelo de velha. Agora mesmo, enquanto falo com Cacilda, a moça que nunca teve medo de Virginia Woolf traz de volta uma certa chácara, de uma certa avó que teve: a avó Maria Becker. A chácara residia, com suas árvores e pertences, em lugar pequeno e paulista, em Piraçununga. Havia de tudo na chácara dos verdes tempos de Cacilda. Principalmente uma porção de coisas terminadas em *eira*: goiabeira, jabuticabeira, pitangueira, caramboleira. E um pé de fruta que já caiu em desuso, de ninguém falar mais nele: araçá. O luar de Piraçununga era especial, feito só para a chácara da menina Cacilda. *À la carte.* Vinha embrulhado em aroma da noite. Amarrado em embira e acolchoado de capim-limão. Luar de avó antiga. Luar de nunca mais.

Contos de infância

Chico Anysio

É cearense, acredita em assombração e é Chico Anysio, glória do bom humor nacional. Talento como o dele só mandando fazer no estrangeiro. É muito sujeito de dar leveza aos decretos do *Diário Oficial* ou aos relatórios do Banco do Brasil. Se Chico der na telha de ler na televisão balancetes de firmas comerciais, o assunto vira anedota de papagaio. E papagaio português. Formado em Coimbra.

CATÁSTROFE DERRETIDA

Entro de pergunta em punho:

— Chico, se o mundo fosse acabar, com hora certa e dia certo, que faria o doutor?

Chico mata a pergunta de letra:

— Faria um requerimento pedindo prorrogação de prazo.

Genial! Um requerimento contra a catástrofe universal. E enquanto o papel subisse e descesse pelos canais competentes, a hora final viraria dia final, semana final, ano final, século final. E assim, docemente, burocraticamente, a catástrofe seria derretida no fogo dos pareceres e contrapareceres dos senhores diretores-gerais e não gerais. Como uma vela de cera.

GENTE SEM CARNE E OSSO

De repente, Chico Anysio fica sério. Em serviço de fantasma ele não brinca, nunca brincou. Acredita neles. Mais do que isso: já viu muitas e variadas assombrações. E não diz isso em modo de brincadeira. É especialista em ver essas criaturinhas talhadas em pedra de vento. Uma tarde, no tempo dos seus dez anos, estreou no ofício. Viu, em cima de uma ponte, bem perto do engenho de seu avô, aquele vulto de mulher. Mas bem-visto, bem medido, não era mulher. Era uma assombração. Não assombração de arrepiar, de transformar pestanas em piaçava de vassoura. Era um assombramento de fim de tarde. Suave. Como um pedaço de luar dependurado.

FATIAS DE ESPÍRITO

Estilhaços do bom humor de Chico Anysio:

- Não vem de vinagre que a salada é de frutas.
- Não vem de escada que o incêndio é no porão.
- E não vem de meia verde que o treino é sem uniforme.

MÚSICAS PARA A ILHA

Olha para o alto e aponta, contando nos dedos, três músicas que levaria para a tal ilha deserta se fosse cassado ou deportado: *Amélia*, de Ataulfo Alves, *Feitiço da Vila*, de Noel Rosa, e *Quem te viu e quem te vê*, do xará Chico Buarque de Hollanda. Três invenções imortais, imorríveis, que vão ficar a vida inteira na saudade e na boca do Brasil. E quando o mundo voar em cacos, lá para o fim dos tempos, alguém estará cantando na aba de uma nuvem bonitezas assim:

> *Ai, meu Deus, que saudade da Amélia!*
> *Aquilo, sim, é que era mulher.*

E o coro estará a cargo dos anjos.

DESPERTADOR DE BICO E ASA

Chico Anysio, como um mestre de obras, dirige os trabalhos de recauchutagem de sua nova casa na Urca, uma residência de esquina para valsas de esquina. Encontro o talentoso Francisco entre pás e picaretas. Tudo atulhado de coisas. Não há mais lugar nem para uma caixa de fósforos. Meia dúzia de passarinhos fazem sua musiquinha por trás de grades. Paro a minha atenção num galinho-de-campina. Tem um pequeno sinal de fogo na cabeça. Algum pintor deixou, por descuido, uma gota de vermelho em sua pessoinha. Chico, menino de canavial cearense, é tarado por bicho de asa. Gosta de acordar despertado pelos relojinhos do seu canto. Um canto alegre e medicinal.

GOSTOS E DESGOSTOS

Gosta de coisas e loisas. De gente, de conversa com amigos em recanto sossegado. De Golias, como comediante, e de Walter d'Ávila no mesmo tom. Na sua diplomada opinião, são os melhores da praça, pontos altos do humor brasileiro. O outro Chico, o Buarque de Hollanda, está de palanque na sua admiração. Como também de palanque está Billy Blanco. Mas se gosta de Chico e Golias, de Billy e Walter d'Ávila, não gosta de pinguim em cima de geladeira ("é um atraso da vida que nem te conto"), de terno marrom ("dá azar até em sola de borracha"), de menino fazendo algazarra em corredor de avião ("é quando dou razão a Herodes, o degolador"), promissória que a gente tem de pagar ("penso logo num banqueiro que conheci no Ceará e olhava com jeito feroz de dez por cento ao mês") e de aquário redondo ("no mínimo dá paralisia infantil"). São essas as preferências e despreferências desse inteligentíssimo Sr. Francisco Anysio, que tão bem escreve e tão bem sabe fazer rir. Um riso que não envelhece. Novinho em folha como cada manhã que nasce.

ASES DA ANEDOTA

Gosta de Portugal, do vinho do Porto e de anedota de português, três soberbas invenções de seu especial afeto. Anedota para antologia, de ficar dependurada na parede como gravura de Debret, só as que têm a boa e inconfundível marca lusitana. Piadas de bigodes e papagaios. Como aquela do patrício que foi receber outro patrício, de Freixo-de-Espada-à-Cinta, chegado de navio. Deu com ele no momento em que o patrício metia a cabeça por uma das vigias do barco. Do cais, berrou para o gajo do navio:

— Ó Manuel Pereira, que fazes tu aí com um navio ao pescoço?

E TEM A DO QUILOWATT

E tem aquela do português que viajava de trem e lá para as tantas gritou que uma faísca havia caído em sua vista. Cientificado de que o trem era elétrico, portanto sem faísca, o bom Manuel respondeu:

— Então caiu-me um quilowatt ao olho!

CHICO POSTO EM SOSSEGO

É arredio como um caracol. E do que gosta mesmo, de não parar de gostar, é de sossegar em casa. Trabalhando, brincando com as suas crianças. Editou três filhos e já tem outro no prelo, a aparecer na cegonha do próximo verão. Vez por outra, liga o Graham Bell para o Ziraldo ou para Bibi Ferreira, a fim de contar histórias de bichos, coisas de bichos. Por exemplo, aquela da pulga com mania de grandeza que só tinha um desejo em sua vida miúda: possuir um cachorrão, dos graudões, exclusivamente para ela. Cachorro pessoal e intransferível. Fora dessas amenidades, Chico é bicho de concha. Há mais de um ano não sabe a cor da Rua do Ouvidor ou do Largo do Machado. Cinema também não vê. Não é muito dado a reuniões, convescotes, comeretes e beberetes. Enfim, para Chico, conversa de mais de duas pessoas não é conversa. É piquenique.

CONTOS DE INFÂNCIA

Francisco Anysio, brasileiro do Ceará, natural de 1929, sujeito barra-limpa, de fama merecida e justamente apregoada. Tem vivido dezenas de vidas, desde coronel da roça a malandro do asfalto. Muitas de suas figuras, como o velho Limoeiro ou o professor Raimundo, deviam ter carteira de identidade tão vivas que são. Chico do engenho do Ipu, menino de bagaceira feito José Lins do Rego. Sentimental como um adeus. Às vezes vai por uma rua, em Belém do Pará ou em Porto Alegre. E, de repente, para. Para pra quê? Para ver mulher bonita, para ver uma casa bem-feita de corpo? Nada! Chico para ouvindo músicas de infância. Para e diz de Chico para Francisco: "Deve ser algum carrinho de boi do Ipu que está cantando."

Uma banda para a vida inteira
Chico Buarque de Hollanda

Antigamente, quando o menino Chico Buarque atravessava a Rua Haddock Lobo, em São Paulo de 1953, os vizinhos diziam:

— Lá vai o filho do Dr. Sérgio.

— Hoje, quatorze anos depois, quando o Dr. Sérgio Buarque de Hollanda, homem de estudos e de livros, passa por qualquer rua deste país, em Maricá ou Porto Alegre, há sempre uma boca para dizer, admirada:

— Lá vai o pai do Chico.

LIÇÃO DE HISTÓRIA NATURAL

Na chácara dos Buarque de Hollanda a vida era risonha e franca. Havia tardes fagueiras e noites puxadas a canto de grilo. Tinha de tudo na velha chácara: laranjeiras, goiabeiras, um pé de abricó e recantos para brincadeiras de esconder. A população da chácara, além dos seis irmãos de Chico, era composta de cambaxirras, pardais, sapos e, vez por outra, um melro madrugador e jovial. Por trás da casa do Dr. Sérgio morava a Rua Augusta, não tão famosa como hoje, mas já mandando seus recados. E bem perto, bem junto do casarão de Chico, existia uma espécie de terreno baldio que funcionava como chácara suplementar da criançada dos Buarque de Hollanda. De uma feita, pegaram uma coruja. Uma empregada velha, como fosse noite de luar e dia de sexta-feira, inventou logo que era lobisomem. E fazendo o sinal da cruz:

— É lobisomem, que esse amaldiçoado vira o que bem entende. Chico protestou:

— Que lobisomem, que nada. É coruja.

Era uma coruja. A chácara, naquela noite de sexta-feira, dava a sua primeira lição de História Natural aos meninos do Dr. Sérgio Buarque de Hollanda.

UMA ESTRELA PARA CHICO

Mas a chácara da Rua Haddock Lobo não era apenas pés de árvores e bichos rotineiros. Possuía atrações maiores. Certa noite caiu uma estrela bem no fundo do quintal. Chico, que acompanhou com seus olhos verdes a viagem luminosa, logo que o galo cantou correu para pegar não a estrela toda, que devia ser graudona, mas estilhaço dela. Não pegou. Em verdade, não havia estrela alguma no fundo da chácara do Dr. Sérgio. Chico ficou com uma espécie de gosto-de-cabo-de-guarda-chuva na boca. Era a sua primeira decepção de Cristóvão Colombo do céu. Mais tarde, falando sobre a estrela perdida com um garoto da vizinhança, autoridade em coisas das nuvens por ser proprietário de uma frota de pipas, recebeu dele uma aula de Astronomia. O que os seus olhos tinham visto não era uma estrela e sim um filhote dela, coisa sem importância, que nascia e caía todos os dias. Chico, desmontado com a erudição do menino dos papagaios, tomou uma enérgica medida. Comprou uma luneta.

DONA MARIA AMÉLIA, SUAS LEIS E PARÁGRAFOS

Mas nem tudo era ouro sobre o azul na casa da Rua Haddock Lobo. Não pelo Dr. Sérgio, boa-praça, sempre mexendo e remexendo em livros, distante da chácara e dos seus mistérios. A pedra no caminho de Chico e da sua meia dúzia de irmãos era Dona Maria Amélia. Administrava a casa com mão severa, de disciplina em punho. Com Dona Maria Amélia havia regulamentos, leis e parágrafos. Hora de brincar, brincar. Hora de estudar, estudar. O diabo é que a hora de estudar era mais comprida do que a hora de vadiar. A voz de mando de Dona Maria Amélia corria por todo o casarão:

— Menino faz isso, menino faz aquilo!

Uma noite, em que estudava o descobrimento do Brasil, Cabral de barbas de espanador e Pero Vaz de Caminha às voltas com a sua pena de pato, Chico ouviu ruídos no fundo da chácara. Deixando Cabral cair no chão e Pero Vaz de Caminha de tinteiro entornado, imaginou:

— São os índios!

Não era índio. Era apenas um vasto e bem montado elefante. A chácara da Rua Haddock Lobo tinha naquela noite o grande prazer de apresentar ao respeitável público da casa do Dr. Sérgio Buarque de Hollanda o seu número maior. Um elefante ao natural.

A CHÁCARA QUE ENCOLHEU

Quando Dona Maria Amélia soube que tinha dado elefante no seu quintal, sem acreditar no que ouvia, mandou que Chico fosse estudar:

— Que invenção é essa, que bobagem é essa? Vá para o quarto tratar de sua Geografia.

Quando o Dr. Sérgio Buarque de Hollanda, homem ilustre, escritor importante, soube do elefante em seu território, meio sobre o vago, mais dos seus livros do que da verdade das crianças, disse mais ou menos assim:

— Joga na lata de lixo.

Elefante é elefante. Não é como borboleta, que se espeta, ou pardal, que se empalha. Elefante é fogo! Chico, à frente do exército de mãos, foi espiar de perto a grandeza do bicho. Era uma ilha, uma imensidão de carne e osso. Medido em palmos, Chico levaria horas para viajar da cauda à cabeça. Que jogar no lixo, que nada! O melhor era esconder o elefante, ficar dono dele. Durou pouco a propriedade dos meninos Buarque de Hollanda sobre o aparecido. Um cornaca logo veio saber notícias dele. O elefante tinha fugido do circo, precisamente do circo armado no terreno baldio que funcionava como chácara suplementar da meninada da Rua Haddock Lobo. E foi assim, para tristezona deles todos, que o quintal de Chico perdeu a sua maior atração. O que restou, depois da visita tão monumental, foi quase nada: bem-te-vis, sapos e humildes cambaxirras. Chico sentiu nesse dia que a chácara tinha perdido alguma coisa.

— Encolheu! — pensou.

CHICO EM TAMANHO GRANDE

Hoje, tudo isso, pássaros e estrelas caídas do céu, são memórias. O elefante de Chico talvez tenha morrido, talvez nem exista mais o circo do seu elefante. Também o outro Chico, que gostava dos mistérios da Rua Haddock Lobo e via índios no fundo do seu quintal, cresceu. E mudou. E as coisas antigas foram ficando menores, pequetitinhas. Hoje Chico é grande em tamanho e fama. Tem uma garbosa banda às suas ordens, a banda mais ruidosa do Brasil, desde as charangas da província à autossuficiente banda dos Fuzileiros Navais. De repente, sem aviso prévio, o Dr. Sérgio Buarque de Hollanda, que escreveu um dos livros mais importantes deste país (*Raízes do Brasil*), perdeu em celebridade para o filho.

— Que acha o doutor de tudo isso?
Responde bem-humorado:
— Engraçado.

TEMPO DE BACH E TEMPO DE BEETHOVEN

Agora, com o estrelato a tiracolo, Chico não mora mais em São Paulo nem no Rio. Em verdade, não mora. Circula. Tem apartamento na Avenida Nossa Senhora de Copacabana. É uma peça simples, sem prosopopeias, muito ao jeito do seu dono. Visto assim sem cartão de visita, Chico parece feito em tecnicolor: tem olhos verdes e sol de praia no rosto. Vou falando com ele, Chico de 1967. Enquanto afina o violão, diz:

— Tenho uma conversa chata que é uma beleza...

Cá entre nós, o que Chico não tem é conversa. Fala aos pouquinhos, como quem quer poupar palavras. E gosta de passar as mãos sobre os cabelos. Dou uma olhadela pelo seu pequeno mundo de cimento armado. Vejo na parede um retrato a carvão de um certo político brasileiro.

— Admiração, Chico?

— Não, raiva.

Chico, como a Bíblia, diz que há tempo para tudo. Já houve nele o tempo de Bach. Agora chegou o tempo de Beethoven. E é fumando cigarros Luís XV que ele fala do homem da *Sonata ao luar*. Fala manso, talvez para não espantar Beethoven, que está derramado em seu sofá em forma de discos. Da rua, sem pedir licença, vem uma rajada intrometida de iê-iê-iê. Beethoven aproveita a ocasião para ir embora. Chico não gosta de iê-iê-iê, mas não tem raiva dos que gostam dessa orquestra de gatos. Compreende. E acha até preferível Roberto Carlos a Elvis Presley. Justifica:

— Pelo menos esse é brasileiro. A gente não necessita consumir dólares com ele, como o trigo e o uísque.

Chico não diz. Mas, pelo jeito, gostaria de passar pelo moedor de carne todo o iê-iê-iê da praça, inclusive o estoque estrangeiro.

MÚSICA PARA SEMPRE

Indago:

— Chico, diga logo quais as três músicas brasileiras que você levaria para a tal ilha deserta caso fosse confinado ou cassado?

Responde:

— *Amélia, Quando o samba acabou* e *João Valentão*, de Ataulfo Alves e Mário Lago, Noel Rosa e Dorival Caymmi.

A GLÓRIA TEM SEU PREÇO

Atualmente, tem dois poetas na sua alça de mira: Fernando Pessoa e Carlos Drummond de Andrade. Lê devagar, saboreando. A vida do Chico Buarque de hoje não é a vida do Chico Buarque da Rua Haddock Lobo. Não tem muito tempo para largas leituras. Monta em avião quase toda a semana, entre Rio e São Paulo. Já foi época em que podia ler a *Toutinegra do moinho*, livro peso-pesado, um calhamaço de quase quinhentas páginas. O relógio de Chico é apressado. Se não tem mais a voz de Dona Maria Amélia nos ouvidos, tem contratos rígidos, papéis imperiosos que obrigam Chico a pular mais do que minhoca em areia quente. Às vezes, tem saudade dos dias vagabundos: praias, conversas sem compromissos, cinema à tarde, namoros de esquina à noite. A existência de Chico é atribulada. Fatura aqui, fatura lá. E há também os admiradores. Que pedem:

— Chico, castiga uma coisa bonita no meu papel.

Chico escreve. Mas fica de olho na papelada, pois já houve um caso de certo cantor que, numa dessas florestas de mãos e lápis, acabou por autografar uma promissória. O pior não é isso. É quando Chico tem que botar o jamegão até em papel de sorvete.

— É chato, acaba com o coreto da gente.

UMA BANDA PARA A VIDA INTEIRA

Assim é Chico Buarque de Hollanda em encadernação 1967. Um moço simples de olhos pingados de verde. O sucesso veio cedo para ele e peço a Deus que demore, que fique de palanque vendo a bandinha do moço passar. Chico quase não fala — canta. E canta por gosto, que esse é o seu jeito de ser. Uma ocasião ficou meio sobre o vinagre porque disseram que ele, rapaz do asfalto, na certa nunca tinha metido o olho numa banda. Chico não disse nada, porque Chico não é de muito dizer. Cá entre nós, se há coisa em que ele é especial, é em banda. Não da banda prestigiosa do "estava-à-toa-na-vida-o-meu-amor-me-chamou". Mas das outras, aquelas humildes charangas dos velhos circos de cavalinhos, que vez por outra, com as suas lonas rasgadas, apareciam bem perto da casa do Dr. Sérgio em São Paulo de 1950. Elas vão tocar para Chico a vida inteira.

Um homem do país das águas

Dalcídio Jurandir

É uma das criaturas mais simples deste país de gente importante. E também um dos seus maiores escritores. Antigamente, de pés descalços e braços nus, corria pelas campinas de Marajó atrás das borboletas azuis que não eram de Casimiro de Abreu. Hoje, de borzeguins e paletó-saco, percorre a Rua do Catete e anexos atrás da vida. É Dalcídio Jurandir. Um romancista tão grande como sua ilha.

A LUA E A CHUVA

Veio do país das águas, de uma terra que Deus, em fim de obra, deixou sem retoques. Por isso Marajó ficou assim grandona, capaz de engolir vários países. Braba, tosca, mal saída da forma de Deus. Inchada! Não pensem que as noites de Marajó são como as outras noites. Que esperança! Quando a Lua vem a furo é maior que a roda de um carro de boi! Quando chove nos campos de Cachoeira é como se o Dilúvio voltasse! É a aurora do mundo à disposição de todos nós. De graça.

SEM PRESSA E SEM ATROPELOS

Não é fácil falar com Dalcídio Jurandir do Grão-Pará. É um Jurandir arredio, bicho de concha, que aparece nas casas de livros na boquinha da noite. Olha um volume, olha outro, dá dois dedos de prosa ao famoso mercador Carlos Ribeiro, da Livraria São José, para desaparecer como veio. Suavemente, sem fazer barulho, que o lema desse mestre de modéstia é o mesmo de Valdemar Cavalcanti. Isto é, entrar na fila, não atrapalhar os outros. E assim tem vivido Dalcídio Jurandir. Sem atropelar ninguém.

A IMPORTÂNCIA DE USAR PASTA

Enfim, estou de Dalcídio Jurandir em pauta. Vou caminhando com sua simplicidade pela Rua São José. Cachos de cigarras desfolham dos pés de pau. A tarde começa a encerrar o expediente. Senhores apressados, tinindo em seus colarinhos, passam empurrando avassaladoras pastas. Falo da importância desses utensílios na vida nacional. Dalcídio sorri para informar que sempre teve grande respeito pelos portadores de pastas. Principalmente pastas negras. No mínimo são diretores-gerais ou banqueiros em trânsito para os dez por cento ao mês. No mínimo!

FARINHA-D'ÁGUA DOS SEUS BEIJUS

Conversa vai e conversa vem. Pergunto pela sua bem trabalhada e lavrada existência de escritor. E Dalcídio:

— Mal ou bem, venho mergulhado nesse barro há mais de trinta anos, seu doutor. Todo o meu romance, distribuído em vários volumes, é feito, na maior parte, da gente mais comum, tão ninguém, que é a minha criaturada de Marajó, Ilhas e Baixo Amazonas. Um bom intelectual de cátedra alta diria: são as minhas essências, as minhas virtualidades. Eu digo tão simplesmente: é a farinha-d'água dos meus beijus. A esse pessoal miúdo que tento representar em meus romances costumo chamar de aristocracia de pé no chão. Modéstia à parte, se me coube um pouco do dom de escrever, se não fiquei por lá, pescador, barqueiro, vendedor de açaí, o pequeno dom eu recebo como um privilégio, uma responsabilidade assumida, para servir aos meus irmãos de igapó e barranco. Entre aquela gente sem nada, uma vocação literária é coisa que não se bota fora. A eles tenho de dar conta do encargo, bem ou mal, mas com obstinação e verdade. O leitor que acaso folheie um dos meus romances pode logo achar o estilo capenga, a técnica mal-arranjada, a fantasia curta, mas tenha um pouco de paciência, preste atenção e escute um soluço, um canto, um gesto daquelas criaturas que procuro interpretar com os pobres recursos de que disponho.

E, a propósito, lembra Dalcídio Jurandir de seu velho tio de Cachoeira, barbeiro e cozinheiro, uma espécie de Brillat-Savarin de comarca, gênio de um prato só: o picado fradesco. E Dalcídio:

— Não tenho no romance as manhas e perícia que tem meu tio na cozinha. Mas vou fazendo, a meu modo, o meu picado fradesco...

Para no meio da rua, diz que está falando demais, que a tarde despenca muito bonita para a gente tratar de coisas de letras redondas. E volta ao Jurandir bicho de concha. Quase sem fala. De corda quebrada.

A GLÓRIA BUROCRÁTICA

Já lavou pratos numa pensão da Saúde e pratos lavou na cozinha de antigo navio do Lloyd. Mas teve um momento de glória administrativa. Aconteceu que um velho amigo seu, o Dr. Raynero Maraja, foi nomeado intendente municipal de Guarapé, uma cidadezinha caindo pelos barrancos, com meia dúzia de casas e uma pobreza sem fim. E o bom doutor, admirador de Dalcídio, rebocou o moço de Marajó para seu tesoureiro-intendente. De uma hora para outra, como nas mágicas da carochinha, Jurandir virou ministro da Fazenda de uma terra sem dinheiro, com dois murchos carimbos para carimbar e quatro ou cinco papéis a despachar. Era uma comarquinha de pires na mão, que mal e porcamente dava para pagar os pobres vencimentos do intendente municipal. Uma tarde o doutor começou a tremer na peneira da maleita. E desse modo, agarrado pelo impaludismo, foi bater queixo em Belém do Pará. O comando da burocracia ficou por conta de Dalcídio Jurandir, que passou a assinar a papelada oficial em nome do Dr. Raynero Maraja. Como os dias eram compridos e as noites movidas a caracol, Dalcídio desentranhou de um velho armazém bateladas da *História universal* de César Cantu. E como Robinson em sua ilha, caiu o tesoureiro-intendente em cima dos vinte volumes do prestimoso Cantu. Todo o romance do mundo, tratado naquele estilo miúdo de tabelião, passou pelos olhos de Dalcídio, que tomou uma bebedeira sem fim de príncipes e reis, de heróis que cortaram a fita inaugural de impérios, desde o velho Nabucodonosor, que comia capim, a D. João VI, que comia frangos. E capinava o tesoureiro-intendente a lavoura de César Cantu quando a fabulosa década de 1920 resolveu dar uma banana para o mundo. Adeus melindrosas, adeus gramofone, adeus Washington Luís! A revolução de Vargas e seus futurosos tenentes era chegada. Dalcídio Jurandir caía do galho, perdia sua intendência. 1930 pedia licença para entrar.

DE REPENTE, A CHUVA

E, de repente, aconteceu *Chove nos campos de Cachoeira*, romance que fez Dalcídio voar definitivamente do Grão-Pará para o Brasil. Foi uma estreia de balançar os alicerces. Luminosa! Todo mundo, de uma hora para outra, começou a falar do grande romancista de Marajó. Um rio de papel e tinta escorreu sobre as páginas do livro. Era moda dizer bem de *Chove nos campos de Cachoeira*, que abiscoitou o primeiro prêmio do concurso de *Dom Casmurro*, o sempre lembrado semanário de Brício de Abreu. Quando a notícia do sucesso de *Chove nos campos de Cachoeira* chegou a Belém, Dalcídio quis pedir demissão de romancista. Mas era tarde. O livro era mais poderoso do que ele. E extraiu Jurandir de terras e águas do Pará. Definitivamente.

UM RIO DE ÁLBUM

E no vento do livro veio Dalcídio assentar praça no Rio de Janeiro. Era 1941. Em verdade, o pessoal do Norte ocupava literariamente o Brasil. José Lins do Rego, de óculos grossos, mandava e desmandava nas letras redondas deste país, bem como a inigualável Rachel de Queiroz e o sóbrio Graciliano

Ramos. Só, ou quase só, um talentão carioca fazia frente a essa inflação de inteligência que descia do Norte: Marques Rebelo. Era uma época de deuses! Jorge Amado, novinho em folha, com sua prosa de saveiros e mar azul, encantava o Brasil. E nesse ninho de celebridades, com o arguto Álvaro Lins dando cartas na crítica, veio cair o moço de Marajó. O Rio desses dias era cordial como uma praça de província. Era uma cidade de tipos. O Estado Novo de Vargas estava pintadinho de novo. Ônibus de dois andares, carros ainda a 60 quilômetros por hora. O chapéu de aba larga de Raul Pederneiras, reforçado por dois bigodes de ponta virada, era paisagem obrigatória na Rua do Ouvidor ou no Largo da Carioca. Lamartine Babo, sucesso sobre sucesso, transitava seus ossos pelo centro da cidade. O Brasil, de boca aberta, cantava *Saudades da Amélia*. E Dalcídio, pouco tempo depois, lançava novo romance: *Marajó*. Estava definitivamente aboletado na glória nacional. O Grão-Pará era um país independente. Nas páginas sem igual de Dalcídio Jurandir.

A MENTIRA DAS DISTÂNCIAS

E assim se conta, em prosa curta, a pequena história de um grande escritor, o modesto Dalcídio Jurandir, bicho de concha, amigo do silêncio, inaugurado na Vila de Ponta de Pedras na época em que a folhinha marcava precisamente 1909. Era janeiro, mês carpinteiro. Havia cigarras nos pés de pau. Durante trinta anos tem Dalcídio lavrado a sua incomparável lavoura, com obras que vão atravessar os tempos, porque têm a eternidade do povo, a fala do povo, o jeito do povo. Se não é badalado como merece, é porque o tempo não descobriu Dalcídio Jurandir. Mas esse Cristóvão Colombo virá, hoje ou amanhã, dar alto relevo a romances como *Linha do parque*, *Três casas e um rio*, *Belém do Grão-Pará* e o belíssimo *Primeira manhã*, com que Dalcídio engrandeceu a ficção deste país. É um Dalcídio para os dias que virão. Não importa, em termos de eternidade, que o rato pareça maior do que a montanha. É erro de perspectiva. Mentira das distâncias.

Sonho também ajuda

Delfim Neto

Estou diante dos 39 anos de Antônio Delfim Neto, um ministro que anda firme como um campeão de pesos-pesados. Gosto do seu falar paulista. É seguro e bem-humorado. Semanas antes, havia respondido, com uma bem aplicada *boutade*, a um discurso do seu amigo e colega Roberto Campos. Num banquete, ao palito, depois da salada de frutas, o Dr. Campos resolveu soltar um par de lacraias nos calcanhares da política financeira do governo. Delfim Neto, paulista tranquilo, não perdeu a esportiva nem virou a mesa. Calmamente, maliciosamente, colocou em álcool as centopeias do seu ilustre colega e panfletário de sobremesa. E o que prometia ser um temporal, uma trovoada de rebite, acabou em chuva miúda, incapaz de danificar a mais fina asa de borboleta.

A PITADA E O PUDIM

Mas num ponto Delfim e Campos estão de acordo, sempre estarão de acordo: a necessidade de matar a inflação brasileira. Campos queria assassinar a inflação, a pau, na base do velho porrete de dar em doido. Delfim quer acabar com essa mesma inflação através de outros medicamentos. Não sendo um simples arrecadador de impostos, mas um artista da finança, acha Delfim Neto que uma pitada de inflação não compromete o desenvolvimento brasileiro. Pelo contrário: é capaz de dar maior sabor ao pudim. Cá entre nós, não fui ao seu gabinete para tratar de cifras e cifrões. Não tenho comércio, não tenho boi ou pasto, não tenho chaminé a sustentar. Por isso é que prefiro o Delfim Neto sem finanças e sem Ministério. A pé.

PARA ALÉM DAS CIFRAS

E é sem cifras e cifrões, sem dinheiros e dinheirões, que falo com ele. É um ministro bem organizado, sólido nos seus oitenta e tantos quilos. Só uma vez, durante o tempo em que estive em sua salinha de despachos, foi interrompido. Assim mesmo para assinar rapidamente um papel submetido à sua caneta pelo eficiente Carlos Alberto de Andrade Pinto, que ajuda, com inteligência e sensibilidade, o ministro a descascar abacaxis. Após a canetada, Delfim Neto ficou às minhas ordens. E eu às ordens dele.

CÉU NÃO É SÓ DE URUBU

E o tempo recua. Estamos em 1928, precisamente quando veio ao mundo, novinho em folha, o menino Antônio Delfim Neto. Era maio e São Paulo dava cartas ao Brasil inteiro. Governava o país, de cavanhaque e polainas, um famoso paulista de Macaé, o Dr. Washington Luís. O Ministério da

Fazenda ainda estava muito longe. Perto mesmo, de pegar com a mão, andava a chácara do avô Antônio, um paraíso em fatias posto à disposição de Delfim Neto. Esse paraíso morava no bairro de Cambuci. Mas o melhor da chácara não era o casarão, as árvores ou os pássaros. O melhor da chácara estava lá no alto, para além das nuvens. A chácara de Cambuci era especialista em céu. Os céus mais bonitos do mundo vinham assinar ponto bem na cumeeira da chácara do velho Antônio de São Paulo de 1935. Era cada azul de tingir asa de anjo! Garoto prático, de imaginação pronta, Delfim viu que um céu assim, tão escovado, não podia ser apenas passarela de urubu e andorinha. Nasceu disso o gosto, que ainda hoje conserva, pelas pipas e papagaios. Colocar, com engenho e arte, um desses troços de papel colorido em órbita, era um dos grandes prazeres do menino Delfim. Dele e de um certo Francisco Israel, garoto bom de empinar papagaios, ajudante do neto do velho Antônio nas guerras aéreas que a meninada travava nesse céu de infância. As giletes e os cacos de vidros dos papagaios de Delfim e Francisco faiscavam no alto como espadas de guerreiros. Cordão que desse sopa era decapitado nos ares. Foi nessa época que Francisco Israel pensou em ser aviador. Não foi. Acabou como ele, como seu amigo Delfim, economista. Com os pés bem no chão do Brasil.

VOLTA AO AZUL

Agora, que Francisco Israel não empina mais papagaios, Delfim Neto treina seu sobrinho Giampaolo no ofício de mandar para o alto esses sonhos feitos de papel e goma. É uma boa maneira de voltar aos dez anos, de retornar à chácara do avô Antônio, de conversar com o céu azul de sua infância.

O BRASIL E A MANIVELA

Pergunto, de repente:
— Como vai o Brasil, doutor?
Delfim responde também de repente:
— Vai bem. O governo só agora é que começa a acionar a manivela para fazer o motor andar.
Esse motor do Brasil é barra-pesada. É fogo nos colarinhos.

SONHO TAMBÉM AJUDA

Uma virtude que está em alto-relevo em Delfim Neto: não se tem na conta de insubstituível, de especialista em salvações públicas. Não se julga detentor único das verdades brasileiras, sejam municipais ou federais. Delfim tem as suas verdades e acredita nelas, luta por elas. É uma criatura aberta ao diálogo e mesmo à controvérsia, essa fascinante aventura do espírito. Se às vezes, por erro de perspectiva, parece ter a cabeça nas nuvens, os pés estão sempre no chão, bem plantados, bem enraizados. É que Delfim Neto, homem de largas e boas leituras, de sensibilidade e bom gosto, não acha que para lidar com a finança e a economia o sujeito seja obrigado a ser relatório ou livro de vendas à vista. O feijão é bom. Mas o sonho também ajuda. E o sonho, como a crase do dito famoso, não foi feito para humilhar ninguém...

O MÉDICO E O MONSTRO

Para os autossuficientes, para os atacados de mania de grandeza, Delfim Neto gosta de recordar aquela anedota do sujeito que foi ao médico. Era um tipo metido a sebo, dono do mundo. Entrou no consultório com todo o gás e foi dizendo na cara do doutor que estava ali apenas para comprovar a sua saúde de aço inoxidável. O médico, que andava em dia de humor negro, logo esvaziou o pneu do sujeito. E arrumou tantas doenças para ele, do baço ao fígado, que o cliente, que havia entrado mais empinado que uma palmeira, saiu da receita médica em forma de vírgula, cabeça baixa, quase no rodapé. E, ao sair, viu um carro funerário que passava bem à sua disposição. E ele, melancolicamente, lugubremente, acenando para o negro veículo:

— Táxi! Táxi!

EM DIA DE OSTRAS, ADEUS DIETA

Delfim Neto vive em luta corporal contra a balança. Faz dieta, faz isso e mais aquilo. Mas um dia, diante de uma bela pratada de ostras, manda a dieta tirar férias. Não, Delfim não resiste a essa tentação do mar. Antigamente, fazia transitar a sua pessoa pelas praias. Era do banho rasgado. Depois, engordando, deixou de lado as gostosuras da areia. Praia agora só de longe, de paletó e gravata. É com riso nada financeiro que o ministro confessa:

— Renunciei por medidas estéticas...

Deixou a praia. Mas ficou com as ostras.

AS INTUIÇÕES

Não, o ministro Delfim Neto nunca viu nada de sobrenatural, fantasmas de primeiro ou segundo grau. Mas tem intuições. E sempre dá corda às suas intuições. Sente que vai acontecer isso ou aquilo. E acontece isso e aquilo. É essa a única concessão que a sua clara inteligência faz ao fantástico, ao que não vem nos manuais que tudo explicam ou decifram. O resto é cifra.

CHICO, VINICIUS E ROSA

É claro que não só de cifra vive Delfim Neto. Gosta de música e no seu roteiro de admirações está Nara Leão. E também Vinicius de Moraes ("esse já se desenrolou"). E também Chico Buarque de Hollanda ("esse ainda tem muita coisa a contar"). Ainda não há muito tempo, Delfim voltou ao passado para reler as aventuras de Flash Gordon, seu herói predileto das noites de Cambuci. Achou chato. Mas não acha chato ler Jorge Amado, principalmente o Jorge Amado dos saveiros, das histórias do mar e de *Gabriela, cravo e canela*. Agora, na folga que lhe dão os relatórios e as finanças, faz aprendizado de Guimarães Rosa. Lê com calma, mergulhado nas veredas e na linguagem de *Sagarana*. Saboreando.

CHATO À VISTA

Como o seu ofício exige longos contatos com pessoas e problemas, em Delfim Neto aconteceu uma coisa curiosa. Aprendeu a conhecer gente chata a distância. É pisar o sujeito na soleira de mármore do Ministério da Fazenda e o radar de Delfim Neto logo dar o alarme:

— Chato à vista!

Não pensem que o chato, de galocha ou de borzeguins, vai atormentar o moço das finanças. O sujeito cacete chega, abre a pasta e tira pilhas de documentos. (Para o chato os seus problemas são sempre os maiores do Brasil.) Os olhos experientes de Delfim não perdem tempo. E Delfim desliga. Aí o careta pode falar à vontade que ele está longe, talvez na infância, no bairro de Cambuci, talvez em Paris, em certa manhã, à beira do Sena, vendo a primavera desfilar. Dizem que uma tarde, quando secretário das Finanças dos quatrocentos anos de São Paulo, recebeu, em gabinete, um sujeito mais enrolado do que bobina de jornal. O homenzinho despejou na mesa de Delfim, melancolicamente, pachorrentamente, dúzias de probleminhas sem importância. Era abril e a cobra do outono fumava nos parques e ruas de São Paulo. Então, Delfim apelou para Verlaine, o pobre Verlaine do cair das folhas. E, de repente, deixou escapar o nome do poeta. O homenzinho dos problemas encaracolados não conhecia Verlaine. Quis saber se era um prestigioso diretor-geral ou semigeral de alguma repartição pública. E Delfim:

— Não, não é. Foi um sujeito que conheci, certa tarde, em Paris, no outro século, meu amigo. Eu ainda nem era nascido.

O homenzinho encalistrou.

PARDAIS AO MOLHO

Por falar em chato, olho o relógio que avança assustadoramente sobre o *front* das seis horas. E antes que o ministro Delfim Neto fale em Verlaine, levanto âncoras. Na sala de espera, encontro Vitorino Freire Sobrinho, que empresta seu espírito público ao gabinete do ministro da Fazenda. Quer que eu conheça um amigo. E apresenta:

— Doutor Francisco Israel de Ávila.

Não é nada menos do que o Francisco Israel das aventuras aéreas do céu de Cambuci. Em carne e osso. Um pouco mais crescido, com alguns fios de prata no cabelo. É uma boa figura, um *gentleman*. Não cuida mais de papagaios. Ajuda o seu amigo Delfim a levar o andor das finanças nacionais, que é de barro e pesado. Vem comigo até a porta de saída. Falo, não sei por que, em pássaros. E sou informado de que Delfim Neto, nos seus tempos de menino, era um grande admirador dessas belezinhas do céu. Tão ardente admirador que não passava dia sem que não remetesse dúzias deles ao panelão da cozinha. Lirismo prático, lirismo à Delfim Neto. Sanhaçus e pardais ao molho pardo.

O MÁGICO DA COMPANHIA
Di Cavalcanti

Emiliano é o seu nome e Di Cavalcanti a sua glória. Hoje, ao dobrar a esquina dos setenta, um dos seus grandes prazeres é perder tempo. Uns amontoam dinheiro, Di perde tempo. E, em perdas de tempo, é campeão nacional e internacional, com diplomas registrados na França e em Porto das Caixas. Sai de casa com planejamentos rígidos e imutáveis. Vai fazer isso, fazer aquilo. Ao botar o pé fora da porta, dá de frontispício com um sujeito que conheceu, certa noite, num bistrô de Paris ou num cabaré de Buenos Aires. É aquele espadachinar de braços:

— Seu Di, que prazer!

Di Cavalcanti está perdido. O bom Emiliano, boêmio como um gato de muro antigo, solta as velas e cai nessas longas e doces navegações sem rumo. Seu navio pode viajar para a Inglaterra ou para a China. Mas pode acontecer também encalhar num golfo de chope em Cordovil...

O MÁGICO DA COMPANHIA

E que tem feito Di Cavalcanti nesses anos todos, desde a primeira calça comprida de 1910 ao iê-iê-iê de agora? Muita coisa.

Principalmente honra o mundo com o seu talento, espadeirando tintas, lambuzando o século com as mais importantes cores já saídas de pincéis brasileiros. Hoje, Di Cavalcanti é uma glória bem estabelecida, firmada e incontestada. Qualquer rabisco seu, feito à pressa em papel de embrulho, vale muitos salários mínimos. Di valoriza o que toca. É o mágico da companhia.

SHOW NO CATETE

O que menos interessa, nesta conversa sem compromisso, é o homem das tintas. Quero falar com o outro, com o bom Emiliano que certa ocasião, só pelo prazer da vagabundagem, andou aos trancos e barrancos pelos mais variados caminhos do Nordeste levando na garupa seu amigo Roberto Rosselini. Acompanhando o ex-marido de Ingrid Bergman para quê? Para nada. É com esse Di Cavalcanti, longe de sua pintura e de sua glória, que falo nessa tarde carioca da Rua do Catete, em seu apartamento de confortos antigos, desde o velho relógio em oito às fotografias bigodudas de outro século. E é em pijama desbotado, gostosamente puído nas costas, que Di aparece aos meus olhos, montado em cadeira de balanço, com jeito de velho lobo do mar aposentado. E é assim, com seu falar de marca registrada, pessoal e intransferível, que Di Cavalcanti passeia pelos seus setenta anos bem vividos e bem mexidos. Apuro os olhos e os ouvidos. Esse *show* não vou perder. Por dinheiro nenhum.

DE FORNO E FOGÃO

À sua frente está uma bem sortida bandeja de frascos. É escolher a marca do uísque, que garrafa, na opinião de Di, foi feita para ser violada. Vez por outra, grita para os lados da cozinha:

— Dona Maria Luísa Guedes, traga gelo, traga soda, Dona Maria Luísa Guedes!

Maria Luísa Guedes, dos Guedes de Piraí, é a governanta do bem-estar da casa carioca de Di Cavalcanti. É simpática e risonha. Emiliano diz maravilhas da sua mão cozinheira, mestra de forno e fogão. Quem tiver a felicidade de travar relações com seus quitutes, seja peixe ou feijoada, não esquece mais o nome dela: Maria Luísa Guedes. Prometo experimentar e não esquecer.

DI E AS ANDORINHAS

Di Cavalcanti não mora. Circula. Vai a gente perguntar por ele e disca o Graham Bell. Do outro lado da linha alguém informa que Di está em São Paulo, na França ou na Bahia. Ao contrário das andorinhas, Di corre atrás do inverno. É louco pelo frio. Na União Soviética, certa ocasião, pegou o termômetro a muitos quilômetros abaixo de zero. Mas o bom carioca da Rua Riachuelo aguentou o invernão russo com a maior dignidade. Como um esquimó de gravata e óculos.

GAGÁ VERDE-AMARELO

De uma coisa estejam certos: Di jamais será um velho gagá, desses que vivem por birra, por procuração. Sobre o gagá nacional, tem ele pontos de vista firmados em cartório. Assim:

— O gagá nacional é o único em todo o mundo que tem medo de morrer. Vejam o gagá francês! É um sujeito alegre, que frequenta os teatros para ver a belezura das mulheres de corpo presente. É um gagá de categoria.

E lembra que o gagá francês compra cadeira de primeira fila esperançoso de que na confusão do cancã um par de pernas, com a respectiva proprietária, venha a cair no colo dele. E que faz o gagá nacional? Nada. Di Cavalcanti afirma que é um tipo em trânsito para o cemitério, que vive nas portas das farmácias para saber do último medicamento contra o câncer. Sua leitura predileta não é o Jorge Amado ou o Balzac. É o aviso fúnebre dos jornais. O gagá verde-amarelo é especialista em missas de sétimo dia. Em resumo, o gagá estrangeiro é do teatro. O gagá nacional é do ipê-roxo e da água oxigenada.

DIDU, MESTRE DA NOITE

Di coloca mais gelo no copo para confidenciar:

— Engraçado! Todo mundo gosta de Teresa de Sousa Campos. Eu gosto do Didu.

E explica o seu gostar. Didu, além de *gentleman*, é uma das criaturas mais bem informadas a respeito do que acontece no Rio depois das oito. Sabe histórias divertidas de corujas e bacurais, que são as pessoas da noite. E afirma Di Cavalcanti, com a autoridade de seu nome, que Didu de Sousa Campos é um narrador prodigioso. As *Mil e uma noites* do Rio de Janeiro só têm sabor contadas por ele. Por ele e mais ninguém.

GLÓRIA NAS GRADES

Diz:

— Uma tarde, dando de olho num céu muito azul, pensei em Lisboa. E para Lisboa embarquei esquecido de que Salazar estava vivo. Estava. Fui preso.

Trancafiaram Di com glória e tudo.

O TANGO E A VIDA

Da Rua do Catete, diretamente de uma casa de discos, salta no copo de Di Cavalcanti uma dose de tango argentino. Emiliano gosta. Uísque, com tango argentino, até que rima na boca. Di é um dos poucos brasileiros, com exceção de Augusto Rodrigues, a declarar publicamente que é da milonga e amigo de Carlos Gardel. E cita, de cabeça, três ilustres brasileiros que são sentimentais do tango: Ranieri Mazzilli, Pedroso Horta e Ulisses Guimarães. Sentimentais e dançarinos. E relembrando a aterradora popularidade desse ritmo na praça brasileira:

— Esse negócio de iê-iê-iê, de dançar a meio metro um do outro, rebolando em jeito de cobra, é coisa carioca e paulista. O resto do país, de Nova Iguaçu a Belém do Pará, é do tango bem chorado, bem miado. Em qualquer cabaré de Bauru a gente pode verificar essa verdade. Mulheres, estalando em vestido de

cetim, rosto colado no rosto do parceiro, só consomem tango. Tudo na base do *A media luz*.

Iê-iê-iê que aparecer em cabaré morre na porta. A pau.

OS AMIGOS

E fala dos amigos. A tarde fria é adequada ao recordativo e ao baú dos guardados. Amigos que foram e amigos que não foram. De Paulo Francis ("tão lúcido e inteligente"), de Francisco de Assis Barbosa ("o biógrafo que trouxe Lima Barreto de volta"), de Gilberto Amado ("o maior relapso do Brasil porque não tem querido cumprir seus deveres de grande pensador que é"), de Augusto Frederico Schmidt ("ter brigado com ele é um dos grandes arrependimentos de minha vida"), de Odorico Tavares ("não entendo a Bahia sem essa flor de civilização e de sensibilidade que ele é"), de Jorge Amado ("esplêndido romancista e grande ladrão em jogos de carta"). Fala ainda do argentino Borges, do cubano Carpentier, do brasileiro Rosa ("os três maiores escritores vivos das Américas"). E de Jean-Paul Sartre e de Assis Chateaubriand. Dois amigos, duas figuras de marca registrada.

AMIZADE A LONGO PRAZO

De Jean-Paul Sartre, seu amigo, guarda forte impressão. A impressão de um homem à altura do seu tempo, não só como escritor, como exemplo de dignidade. De Assis Chateaubriand afirma ser o brasileiro mais realizador que conheceu. Um homem de espírito e de ação. Chateaubriand de mão aberta, sempre pronto a servir, sempre pronto a dar ao Brasil e aos brasileiros alguma coisa. Há cinquenta anos, na porta de *O País*, conheceu Chateaubriand. Meio século de uma admiração que não envelhece.

GLÓRIA A PICASSO

E fala de pintura e de pintores. Cita nomes nacionais e estrangeiros. Mas para Di o grande mágico do circo continua a ser Pablo Picasso, um artista à prova de tempo. Uma eternidade de pintor. Muitos outros, na longa caminhada que terão de fazer até a glória, serão apenas nomes, pobres nomes de arquivo, quando muito com duas ou três palavras na história da sensibilidade do século. Picasso não. Explica Di:

— Há excelentes pintores que fazem Picassos. Mas Picasso é o único que faz Picassos propriamente ditos. Originais, com a marca da eternidade.

E sobre pintura não disse mais. Ficou em Picasso.

DI, O BARNABÉ

E conta, com graça de contador de anedota, a história dos seus três empregos públicos. Começou como desenhista de máquinas do Ministério da Viação. Chegou, tirou o paletó e desenhou certa máquina tão bonitinha, tão cheinha de corpo, que não resistiu. Levou a máquina ministerial para casa. E nunca mais voltou ao emprego. Depois veio aquela função de censor de diversões públicas em São Paulo. Um certo Matarazzo, dono de cinema ou coisas adjacentes, cortou por conta própria uma obra de arte cinematográfica: O *anjo azul* de Marlene Dietrich e Emil Jannings. Di, o censor, botou a boca no mundo. Que autoridade tinha o Matarazzo para cortar as asas de um anjo tão bonito e tão azul? E enérgico:

— Ou restabelece o trecho cortado ou o filme não roda em cinema algum de São Paulo.

Quem rodou foi Di Cavalcanti.

DIÁRIO OFICIAL, NUNCA!

E a sua última incursão pelo mundo burocrático aconteceu em França. Nomeado adido cultural em Paris, tomou posse, entrou por uma porta e saiu pela outra. Não tinha jeito para adido de coisa nenhuma. Quando foi desnomeado, sentiu um grande contentamento. Destampilhou algumas garrafas e foi gozar a noite em mesa do Deux Magots. Também nunca soube como havia sido nomeado ou desnomeado. Um amigo informou:

— Saiu no *Diário Oficial*.

E Di:

— Sou lá homem de ler o *Diário Oficial*?

Nunca leu nem vai ler, que Deus é grande.

O CAPITÃO EMILIANO LEVANTA ÂNCORAS

Cai a noite na rua de Di Cavalcanti. E cai também um ponto final na nossa conversa. Di muda de roupa, pois vai ao Largo do Machado comprar umas amenidades. Avisa que volta, que

Dona Maria Luísa Guedes fique de ouvido no telefone. E desce comigo. Na rua, um amigo grita:

— Di, que prazer, homem!

Di abre os braços em forma de V. Não é um gesto: é uma vela enfunada ao vento da tarde fria. Sinto rumor de âncoras recolhidas. No meio da multidão que vai e vem a cabeça branca de Di parece um lenço em adeus. Não é mais o fazedor de mulatas e outras eternidades do Brasil. É o capitão de longo curso Emiliano Cavalcanti de Albuquerque Melo que vai ao mar.

A GLÓRIA DOS SIMPLES

Djanira

Mora no alto. Talvez para estar mais perto dos anjos. É Djanira, a pintora.

A ROCA E O TEMPO

Subo os trezentos e muitos anos de Santa Teresa para falar com a mais simples das glórias brasileiras: Djanira. Nem é preciso bater palmas ou empunhar cartões de visita. A própria casa, simpática como nunca vi, vem abrir a porta de modo a mostrar uma sala para pianos de cauda, jacarandás e armários de convento. Caio nos braços de um sofá. Próximo, velhas cadeiras de balanço esperam antigas avós, enquanto barrigudo jarro, eternamente bem almoçado e jantado, espia pelos olhos de um buquê de flores. Choram as ladeiras e os buzinotes de Santa Teresa. Chove no país de Djanira.

DJANIRA DE SANTA TERESA

Um dia, nas suas navegações de pequena cabotagem, descobriu Santa Teresa. Ancorou, mirou, assuntou, gostou e ficou.

Santa Teresa gosta de Djanira e Djanira gosta de Santa Teresa. Antigamente, nos tempos das grandes farturas federais, a feira vinha à casa de Djanira. Agora, Djanira é quem vai à feira. Em verdade, gosta da feira, porque gosta do povo. Fala com um, fala com outro. Discute preços, no que é perita. Nada entende de inflação nem coisa nenhuma das graves ciências econômicas e financeiras. Quando lê, nos jornais, notícia de que a inflação foi metida em camisa de força, liga imediatamente para o vendeiro. Assim:

— Seu Antônio, como está o preço do arroz?

O vendeiro informa. Djanira discute, porque Djanira é uma das raras criaturas brasileiras que ainda acredita em estatísticas. E é empunhando o jornal, como se fosse documento irrespondível, que debate os esperançosos números do Ministério do Planejamento. Infelizmente, para Djanira e para todas as donas de casa de Santa Teresa e do Brasil, quase sempre os preços do simpático Dr. Hélio Beltrão não são os mesmos da Mercearia Duas Andorinhas ou do Bazar Dois Irmãos. O que é uma pena. Para as donas de casa e para o Dr. Hélio Beltrão.

A GLÓRIA DOS SIMPLES

Djanira, que tem quadros em parede de quase todo o mundo, do Loreto de Lisboa à Rua da União do Recife, podia ter empregadas que fizessem esse serviço de oferta e procura. Mas não tem nem vai ter. E onde ficariam suas amizades de trinta e muitos anos de idade? Cultiva a boa gente de Santa Teresa como quem cultiva uma planta de estufa. E tem razões para esse cultivar carinhoso. Às vezes, entre embrulhos de beterraba e molhos de cheiro-verde, Djanira traz um recorte de jornal ou de revista oferecido por certo feirante que deu com sua leitura na Penha ou em Catumbi. É com alegria que o dedo de hortaliça do verdureiro mostra a notícia ou o retrato:

— Saiu uma louvação sua que é de fechar o comércio, Dona Djanira.

Djanira já sabia. Mas finge espanto. Fica alegre por ver a alegria do amigo das ruas.

O MELHOR PRESENTE

Há dias, depois de fazer um cacho de contas de diminuir no guichê de um banco ("em banco a gente sempre diminui, nunca multiplica"), recebeu um presente de marca maior. Um impresso da Sociedade Recreativa Carnavalesca Vai Quem Quiser, em versos. E nos versos da simpática Sociedade Recreativa Carnavalesca Vai Quem Quiser desfilavam, entre cavalheiros e damas da corte, as mais sensacionais figuras da História do Brasil, desde D. João VI a D. Pedro I. E não é que o bom poeta da Sociedade Recreativa Carnavalesca Vai Quem Quiser arrumou meios e modos de botar Djanira entre toda essa gente importante e imortal! Se o dono do banco, num momento de loucura, desse a Djanira um cheque de milhões, não ficaria ela tão contente. Parou comovida, lendo em água. Choveu em Djanira. No coração e nos olhos.

HORROR ANOTADO E CATALOGADO

Navegou pelo mundo, da nação dos índios Canelas as estepes russas. Viu terras de vários céus e céus de vários idiomas. Na Polônia, ao visitar antigo campo de concentração nazista, ficou abalada nos alicerces. Baixou ao hospital, com febre alta. É ainda revoltada que Djanira ressuscita esse laboratório do Diabo:

— Ninguém pode conceber que criaturas de carne e osso tenham inventado máquina tão monstruosa!

Seus olhos, feitos para as belezas do mundo, não quiseram acreditar no que viam. Não, não podia ser! Não, não podia existir obra-prima de tão requintada hediondez. Mas os instrumentos do Demônio lá estavam: forcas, câmaras de gás, aparelhos de quebrar ossos, chicote de aço, laboratório para pesquisa em carne viva etc. Viu metros de tecidos feitos de cabelo de gente. Viu um homem com a perna picada de injeções de petróleo. Preta e inesquecível. Os nazistas eram organizados e meticulosos. Administravam esses campos de queimar criaturas de Deus como se administrassem uma cervejaria em Munique ou uma casa de entregas a domicílio em Berlim. Era o horror escriturado, anotado e comentado.

BRASIL EM TOM MAIOR

E fala do Brasil:

— Este, sim, é um grande país servido por uma grande gente.

Vejam o bom negócio que Djanira fez! Vendeu, a preço de queima, uma casa para correr mundo. Viu Praga, linda e barroca. Viu Varsóvia, esfarrapada e bombardeada. Viu Moscou em tarde de verão e cidades húngaras de passagem. Viu terras dos Estados Unidos e areias do Chile. Rodou e gastou dinheiro. E acabou por constatar, meio encabulada, que nada no mundo pode ser comparado a Paraty ou a São Luís do Maranhão. E voltou ligeirinha. Da Praça Vermelha de Moscou para o Largo do Guimarães, de Santa Teresa. Para casa e para sempre.

PARATY À VISTA

E descobriu Paraty. Quando viu Paraty, que olhava Djanira do alto de seus varandins, foi como se reencontrasse um velho amor perdido. Abriu os braços:
— Paraty!
E Paraty, com jeito antigo, tirando o chapéu de plumas:
— Senhora Dona Djanira!
No princípio, Paraty só tratava Djanira pelo nome todo. Era dona para lá, dona para cá. Com o tempo, perdeu a cerimônia. E uma bela tarde, em que o mar era mais verde que os olhos mais verdes das sereias, Paraty chegou na porta dos Mota e Silva e berrou com voz rouca:
— Djanira, venha ver que belezura!
Era a intimidade que chegava.

ADMIRAÇÕES E AMIZADES

E na tarde chuventa, aquecida a goles de café da roça, amizades e admirações passeiam de braços dados pela conversa de Djanira: Marcier, Maria Martins, Rodrigo de Melo Franco, Tarsila do Amaral, Ione Stamato, Eduardo e Roberto Alvim

Corrêa, Odylo Costa, filho, que andou por terras de Lisboa e asfaltos de São Paulo, mas acabou voltando para o seu país de Santa Teresa. São muitos os amigos e nenhum inimigo, pois Djanira não tem tempo para cultivar rancores mesmo interinos. Fala, com seu falar de paulista do Paraná, dos amigos mortos ou viajados, como, por exemplo, de Maria Helena Vieira da Silva, que honra Paris com seu talento inigualável. Ou de Cândido Portinari, tão de Santa Teresa e tão presente. E lá vem Portinari por entre a fala e a fumaça do cigarro de Djanira:

— Preferia, em sua casa, mostrar os meus trabalhos a mostrar as suas grandes criações.

Era assim Cândido Portinari no retrato de palavras e de fumaça que Djanira faz dele. Eterno e amigo.

AS RAÍZES DO CÉU

É católica de Santa Teresa de Ávila e de São Francisco de Assis. Informa:

— Teresa era de briga, Francisco dos passarinhos.

Teresa, combativa e apaixonada, plantava raízes de convento. Francisco, terno e poeta, falava às aves e aos bichos. Dois temperamentos, dois inesquecíveis momentos da bondade do mundo. Menestréis de Deus.

OLHAR LANÇA-CHAMAS

Pergunto a Djanira, que é de rezar e comungar, se acredita em bruxas. Diz que não, que não crê nesse varejo das noites escuras. E fazendo uma vírgula:

— *Mas que las hay, las hay...*

Se não acredita, como o espanhol da anedota, nessas criaturas que pilotam cabos de vassoura, crê pelo menos em mau-olhado. Ou melhor, na força dos olhos. E conta:

— Tive um jarro de flores que foi assassinado por um desses olhares de mau jeito.

Certa feita, estando posta em sossego, recebeu uma dessas visitas de olhar empenado. Conversou, virou e mexeu. E ao sair, encalhando o olho venenoso numas rosas que farreavam na intimidade de um jarro de mesa, deu de elogiar tanta beleza junta. E Djanira:

— Pois não lhe conto nada! No mesmo instante, como perdendo o viço, minhas pobres rosas penderam as cabecinhas sobre o beiço do jarro. Murchas e mortas.

Autêntico olhar seca-pimenteira. Pior que língua de surucucu. Mais eficiente que lança-chamas. Isolo, bato na madeira. Mota e Silva, que longe de nossa conversa examinava com olho entendido estampas velhas, faz o mesmo. Mangalô três vezes.

O REI NU

Não gosta de palavradas nem mentiradas. Uma ocasião, em Moscou, examinava determinado mural de sumidade russa. Olhou e não gostou. Tintas quadradas, sem jeito e sem graça. Foi informada de que dez largos anos consumiu o patriota na confecção de sua *Mona Lisa*. E Djanira, rachando no meio o entusiasmo do informante:

— Dez anos perdidos, meu caro!

Não foi deportada nem mandada para a Sibéria. Foi elogiada. Mostrou que o rei estava nu.

OS BICHOS BEM-AMADOS

É vidrada por bichos. Em Paraty organizou um zoo de fundo de quintal. Tem de tudo, desde pombo-de-leque a marrecos e cabras. A bicharada dos Mota e Silva leva nomes de celebridades ou de instituições nacionais: Di Cavalcanti, Clóvis Graciano, Ana Letícia, Pancetti, Congresso, Câmara, Senado e até vereador. O papagaio, que fala pelos cotovelos, livre e sem censura, é Liberdade. E o macaquinho, por ter um certo jeito antigo, ganhou diploma de nobreza. É o Barão Yuki Estêvão de Baependi. De barba e bigode.

ANJO DO BRASIL

Assim é a paulista Djanira. Assim ou quase assim. Glória simples, sem rodeios ou mistérios. Pintora de santos, de crianças e de bichos. Tão lírico e manso é o seu pintar que até um querubim encantou. Andava esse aprendiz de anjo em serviço de tingir as nuvens quando escorregou numa casca de vento e veio cair em Santa Teresa, justamente na hora em que Djanira trabalhava numa penca de anjos. O querubim parou maravilhado, de asas recolhidas, de queixinho caído. E de repente, com a leveza própria dos querubins, pulou inteirinho dentro do quadro. Djanira, sem nada notar, passou nele as melhores tintas de Deus. E de noite, quando o querubim voltou ao céu, todo em azul e vermelho, foi dizer, orgulhoso, que era um anjo brasileiro.

Ninguém compra o céu

Eliezer Rosa

Esta é uma conversa de passarinhos, de tardes antigas, de chácaras também antigas. É a história de um amigo de todo o mundo. É a história do Dr. Eliezer Rosa, o juiz. Gosto do seu jeito triste e da sua distinção. Principalmente gosto do seu fino humor, que pousa, como uma leve borboleta, em quase tudo o que diz. Uma bela figura a do Juiz Eliezer Rosa! Com seu bigode à Einstein e seu coração de menino.

O menino e o passarinho

E foi o seu coração de menino, que jamais pulsou em ritmo de códigos e regulamentos, que absolveu, certa vez, um pobre rapazinho que tinha surrupiado um pintassilgo. Vejam bem! Não dilapidou os cofres da nação, não deu desfalque nem levou para casa a féria do Banco do Brasil. Sua mão ingênua apenas pegou um pintassilgo, uma coisinha mimosa, feita de voos e trinados. Cuidava ele que um pintassilgo, mesmo em gaiola, era como as borboletas, como o luar, pertences de Deus. Sem dono. Mas logo viu que não era. E foi processado, quase crucificado. Boa mão pousou sobre seus ombros, a mão do mais terno juiz brasileiro. O Dr. Rosa, com uma penada faiscante, absolveu o rapaz do passarinho, certo de que na vida de todos nós, grandes ou pequenos, há sempre um pintassilgo. Roubado ou não. Mas sempre um pintassilgo.

ELIEZER SEGUNDO SÃO MATEUS

Agora, um dos mais famosos magistrados deste país, autor de sentenças que fazem manchetes de jornais, o Dr. Eliezer só tem um desejo: voltar às suas origens, viver em canto sossegado, com simplicidade, ao lado de pássaros e flores, dessas flores e pássaros que não tecem nem fiam, mas nem Salomão, em toda a sua glória, jamais se vestiu como um só deles. Este belo dizer não é meu nem é do Dr. Eliezer Rosa. É de São Mateus.

A ÁRVORE E O DOUTOR

Durante 23 anos, bem contados e bem vividos, morou no Méier. E gosta, apesar de ser filho de Campos dos Goytacazes, de dizer que o Méier é a Cidade Santa de sua geografia sentimental. A velha casa do Méier! Não era apenas de tijolo e cal. Era mais do que isso, pois tinha ternuras sem fim. Uma tarde, há muitos anos, a mão do Dr. Eliezer plantou em seu quintal um filhote de mangueira. E à sombra dessa mangueira, em cadeira de lona, leu o que há de melhor da inteligência deste país, desde austeros tratados de Direito à suave poesia de Casimiro de Abreu. O pé de manga era também cemitério dos pássaros que o Dr. Eliezer sepultava mansamente como mansamente tinham vivido. A árvore e o doutor foram envelhecendo juntos. Como dois amigos, como dois irmãos.

NINGUÉM COMPRA O CÉU

Não, não pensem, por Deus, que o Dr. Rosa, uma fascinante presença, homem que põe dignidade em tudo o que faz, pretenda dar marcha a ré no tempo. Que nada! O que ele não admira é a pressa do mundo de hoje. Parece que toda gente é movida a gasolina, com acelerador a 120 quilômetros. Isso faz com que ninguém — ou quase ninguém — tenha olhos para um pedaço de luar ou para um riso de criança, tão bonitos e tão de graça. Só há tempo para amontoar dinheiros como se a existência fosse apenas um enorme cifrão. Cada criatura é um banco em perspectiva, uma mercearia ou uma fábrica em andamento. Mundo sem raízes no céu. Sem olhos para as belas coisas que não custam nada, que estão ao alcance de todos. Como uma noite estrelada, por exemplo. E quem é que tem dinheiro para comprar uma noite estrelada?

O DIA MAIS LONGO

Maior decepção de seus anos todos: perder seus passarinhos num janeiro muito distante, tão distante mas tão perto ainda hoje de sua mágoa. O menino Eliezer, certa manhã, como fazia em todas as manhãs de sua vida, foi passar em revista a sua tropa de pássaros. E aí o mundo desabou em sua cabeça. Gaiolas abertas, secas de asas e de cantos. Um deserto. Mão madrugadora, ainda molhada de orvalho, tinha feito um pequeno 13 de maio em seu mundo de azulões, sabiás e canários. Eliezer olhou para o alto. Lá em cima, por entre nuvens, os pássaros brincavam em azul. O menino sentiu que alguma coisa havia morrido nele.

EM TEMPO DE SERMÃO

Diz com orgulho:

— Sou de uma geração que teve os melhores professores deste país. Uma geração privilegiada.

E cita nomes, um punhado deles, desde Pedro Couto a José Oiticica. Faz admiráveis retratos falados. Um era assim, áspero e cheio de arestas. Outro era um coração de pão de ló. E na modesta sala de audiências do íntegro juiz da 8ª Vara Criminal, vejo vir, do fundo do tempo, o velho Rosendo Martins. Vem estalando seus engomados, que de engomados era encadernada a sua pessoa. Colarinho duro. Peito também duro, punhos lustrosos com abotoaduras de brilhante. E tudo isso puxado por um cavanhaque à Nilo Peçanha. O fino humor do Dr. Rosa envolve a figura do seu velho mestre de latim dos pés à cabeça. Comenta:

— Tinha a mania do sermão...

Eram famosos e corriam mundo os sermões escolares do professor Rosendo Martins. Vinham de repente, a propósito da frase mais sem compromisso, como, por exemplo, "o mar é largo" ou "as criadas são preguiçosas". Do alto do seu colarinho duro, o mestre descia em defesa delas. Protestava. Que preguiçosas, que nada! Preguiçoso era quem escrevia tamanho disparate. Advogado por conta própria, nesses pequenos biscates de oratória o bom Rosendo punha todo o seu ardor e todo o seu latim. Os punhos faiscavam nas abotoaduras de brilhante. E o cavanhaque, como uma lança, espetava o vento.

O URSO DE KAFKA

Afirma o Dr. Eliezer que em tempo de sermão ninguém podia contar com o latim do professor. Os alunos esperavam que ele esgotasse a corda. E, corda acabada, regressava ao seu latim, que era bem cuidado e melhor ensinado. E a esse propósito, o Dr. Eliezer Rosa lembra aquele urso do conto de Kafka. Era um urso danado da vida, levado da breca. Toda manhã, durante a missa, bebia o vinho de certo padre e desarrumava a sua igreja. Fazia isso com regularidade de relógio inglês. Que fizeram então os bons padres da igreja? Mataram o urso? Não. Mudaram o horário do ofício. Só havia missa depois que o urso fosse embora. O mesmo fizeram os alunos do professor Rosendo Martins. Aula, só após o sermão, depois que o mestre Rosendo recolhesse o seu urso.

CARICATURA E FUTEBOL

Gosta de Machado de Assis, gosta de Eça de Queirós, gosta de José de Alencar e de Alceu Amoroso Lima. E gosta de caricatura, quando os caricaturistas são Ziraldo, Appe, Luís Sá, Álvarus e Carlos Estêvão. E em termos de futebol, compara Pelé a Carlos Drummond de Andrade, "pelo toque sempre novo que empresta às suas jogadas". E Garrincha é para o bom Juiz Eliezer Rosa "uma espécie de Ascenso Ferreira, pelo gênio criador e improvisador". Em futebol, seu coração é americano. Como o coração de Marques Rebelo.

A CONVIVÊNCIA PERDIDA

A cozinha é a sua mania. Confessa meio atacado de modéstia à parte:

— Sou um razoável mestre-cuca.

Sabe fazer quitutes complicados, desses que são verdadeiros tratados, poemas em molho e carne. Em verdade, o modesto Eliezer Rosa prefere os pratos simples, como o angu de fubá de milho ou galinha à moda da roça. Afirma, com seu modo calmo de afirmar, que o bom de tudo isso não é fazer a comida. Nem fazer nem comer. O bom mesmo é a reunião da família em torno da mesa, em homenagem a um leitão tostado ou a um prato de guando com torresmos. E brasileiramente almoçar e brasileiramente conversar. Como antigamente, quando havia tempo para esses doces encontros. Quando o mundo andava mais devagar.

ADEUS AOS PÁSSAROS

Uma tarde, não faz muito tempo, diante de um céu bonito, de azul de infância, o Dr. Rosa resolveu alforriar a sua passarada. Com mão amiga, acostumada a tratar com essas frágeis criaturinhas de Deus, abriu as gaiolas e deixou que todos fossem embora. Não houve palavras de adeus, nem gestos de despedidas. Os passarinhos, como estilhaços de arco-íris, ganharam o céu carioca de Laranjeiras. E subiram bem alto, bem acima das nuvens. E mais alto do que o voo dos seus pássaros, muito mais alto do que as nuvens, subiu a ternura do bom juiz.

A DOENÇA DO LUAR
Edu Lobo

Quis ser doutor. Não foi. Quis ser diplomata. Também não foi. Ficou sendo o que sempre foi: Edu Lobo. Edu Lobo sem diploma e sem Itamaraty. Com violão e com talento. Um talentão deste tamanho! E um violão que vai tocar a vida inteira. Hoje, amanhã, depois de amanhã. E sempre.

LUAR SEM USUCAPIÃO

Confessa Edu:

— A verdade é que meus estudos de Direito, com o rolar do tempo, foram ficando cada vez mais distantes e o violão cada vez mais perto. Tão perto que acabei cortando relações com o grande Clóvis Beviláqua.

Enfim, Edu mudou de tom. Trocou o Código Civil por Villa-Lobos. O usucapião pelo luar.

RECIFE SEM PINCENÊ

Veio carioca como o Pão de Açúcar e a ilha das Enxadas. Nasceu no Rio e no Rio cresceu, com a ajuda de Recife, que descobriu para quartel-general de suas férias. O Recife de Edu não cantava mais, como no tempo de Manuel Bandeira, "roseira dá-me uma rosa, craveiro dá-me um botão". Não era mais o Recife do gramofone e das senhoras de pincenê. Mas se o pincenê de Manuel Bandeira foi embora, os brinquedos ficaram. Os mesmos de sempre, desde "bento-que-bento-é-o-frade" ao chicote de fogo. No Recife de 1950 Edu era rei e imperador. Seu reinado morava precisamente em Boa Viagem, na casa do tio Valdemar ("Umá") Cavalcanti, um tio e tanto, bonzão, camaradão! Desvendava os mistérios para Edu, que tio Umá tinha sabedoria mais que areia num areal. Foi o seu primeiro Sherlock Holmes. Sem capa e sem boné.

DE REPENTE, NO VERÃO

Como Recife veio, foi. Aconteceu de repente, no verão. Como outras tantas vezes, lá chegou Edu ao seu Recife, com passaporte de férias na mão. Foi quando sentiu Recife morto, Recife sem sentido. Sim, a casa do tio Umá era a mesma. E as árvores também, até mais crescidas. O mesmo acontecia com os pássaros daquele verão. Nem uma só de suas asas havia desbotado ou encolhido. Edu é que não era mais Edu. Entre um e outro havia o abismo de vários calendários, de verões e invernos. Por isso, depois do jantar, foi pisar o luar de Recife, cuidadosamente, para não machucar tanta beleza do céu. Sentiu que não era um passeio sem compromisso, feito com os pés de infância. Era mais uma despedida. Um adeus sem remédio. Edu media dezoito anos de idade.

O SOL TAMBÉM MORRE

E a vida foi chegando. Outras cidades vieram, outras civilizações viajaram nas malas de Edu Lobo. Velejou por águas e terras de países que só conhecia através do mapa-múndi ou por intermédio do prestimoso Guia Baedeker. Viu, de corpo presente, a França, a Inglaterra, a Holanda, a Alemanha, a Suíça, a Suécia e a Noruega. Pegou nesse andar estrangeiro frios em vários idiomas. E tanto frio pegou nos seus magros ossos brasileiros que uma noite, em Estocolmo, já meio sobre o picolé, pensou que o sol tivesse acabado. Por entre capotes, capotinhos e capotões, botou a boca de fora e falou de Edu para Edu:

— Morreu o sol. Nunca mais vai haver sol. Nunca mais!

Pensou em Cabo Frio, em sua casinha de beira-mar. E na asa desse pensamento correu ao telégrafo e expediu o seguinte telegrama para Fernando Lobo: "Papai. Confirme existência do sol e de Cabo Frio." Dias depois, o bom humor de Fernando Lobo, cronista de lindo escrever, fazia chegar às mãos enluvadas do filho a resposta esperada: "Cabo Frio bem muito obrigado movido a cantoria de cigarras." Edu suspirou aliviado. Ainda havia Cabo Frio. Ainda havia cigarras no mundo.

FELICIDADE DE CORPO INTEIRO

Hoje, Edu em flor, no uso e abuso dos seus 23 anos, é uma criatura feliz com o Sr. Eduardo de Góes Lobo, que é o nome dessa felicidade para atos oficiais, no civil e no religioso.

É feliz, mas podia não ser. João Condé, por exemplo, às vezes corta relações com João Condé. A gente telefona e João berra do outro lado:

— Não conheço esse sujeito!

E desliga.

KAFKA E A VIDA

Cultinho e lindinho como Edu não tem outro. Vejo, com prazer, meu querido Mário de Andrade à cabeceira de sua cama. Gosta dele e diz os motivos desse gostar. Admira o velho Mário pelo que de renovador existe nele. Um homem sempre repleto de novidades. As palavras mais banais e surradas pelo uso, uma vez retorcidas pelos seus alicates mágicos, ficam novinhas em folha, como se fossem criadas naquela justa hora. E sem pedantismo, sem querer navegar na maré da moda, aponta um outro dos seus bem-quereres: Kafka. Admiração já um tanto de barba e bigode, porque vem de tempos recuados, quando travou relações com *O processo*. Ri para depois observar:

— A gente, mais ou menos, é sempre personagem dele.

Para Edu Lobo, a vida moderna, atulhada de leis e regulamentos, não-faça-isso, não-faça-aquilo, cada vez mais empresta atualidade a Kafka. As coisas mais simples — um pedido de passaporte ou uma bagagem que transita pelas alfândegas do mundo — de repente viram páginas de Kafka. Uma ocasião, certo conhecido seu foi reivindicar de uma repartição pública, invenção nitidamente kafkiana, meia dúzia de gotas de água para sua seca torneira. Durante meses, ou mais do que meses, andou o pobre reclamante de processo em punho, recebendo pareceres e contrapareceres de chefes e de subchefes. E julgam que aplacaram a sede de sua torneira? Qual nada! E foi isso um mal? Qual nada! Foi um bem. Hoje, o homem da gota de água é um zeloso funcionário da dita repartição, onde estraçalha pareceres e contrapareceres por trás de uma escrivaninha preta e solene. Uma escrivaninha de fraque.

VIOLÕES EM PARIS

E por falar em burocracia, uma tarde, na França, Edu e Chico Buarque de Hollanda sentiram, na carne e no violão, que a coisa mais parecida com uma repartição pública é outra repartição pública. Iguais, seja em São João do Mato Adentro ou em Paris de dois mil anos. Inexpugnáveis e imorríveis! Aconteceu no aeroporto de Orly. Os xerifes aduaneiros de Paris, com mãos de verruma, acharam de mau-caráter os instrumentos de Edu e de Chico. Um mais agitado, com olho em chama e babando elástico, viu séculos de contrabando, talvez diamantes da África ou rubis da Índia, naquelas pobres e finas madeiras do Brasil. Era a burocracia francesa a todo vapor. Pronta a esfrangalhar, em seus dentes de parágrafos e regulamentos, os violões de Edu e de Chico. Felizmente, um funcionário mais imaginoso, apoiado na portaria tal combinada com a lei tal, determinou que os moços provassem, de maneira prática e imediata, que eram artistas. Que fizessem funcionar seus instrumentos. Satisfeita a exigência musical da alfândega de Paris, os violões foram retirados ainda com vida das garras do fisco. Todos ficaram contentes. A França, Edu e Chico. Menos o funcionário de olhar de maçarico. Até hoje o pobre homem deve pensar que naquelas caixas de madeira havia diamantes da África e rubis da Índia. Aos borbotões.

A DOENÇA DO LUAR

Assim é Edu Lobo, o moço de *Arrastão*. Tem centelha e talento. Fascinante, simples, sem enfeites e babados. Confessa suas preferências com gestos e risca o ar com suas exclamações. Admira Tom Jobim de não acabar mais. E também Carlos Lyra e Luiz Eça — um Eça que não é de Queirós. Podia ter sido um grande doutor. Podia ter sido um mestre de boas maneiras da política internacional. Mas não seria Edu Lobo. E ser Edu Lobo é o que importa. E sabem por que não foi doutor em leis ou diplomata do Itamaraty? Simplesmente por causa do luar. Voltava ele, uma ocasião, com seu Direito Romano embaixo do braço, quando, numa dobra de esquina, seu pé mergulhou inteirinho numa fatia de luar que a noite, na pressa de conversar com os gatos, tinha esquecido na beira da calçada. Para o Comendador Gontijo dos Anzóis ou para o computador eletrônico do Ministério da Fazenda, um pedaço de luar é sempre um pedaço de luar, coisa que só serve para encher o tanque das corujas ou acender o *flash-light* dos vaga-lumes. Mas para Edu, com seus vinte anos a todo pano, encontrar esse saldo de lua cheia no caminho foi como se reencontrasse, de repente, um brinquedo antigo, um perdido trenzinho de infância. Com desvelo, com mão de namorado, recolheu ao bolso mais seguro o estilhaço faiscante. E acomodou esse filhote de lua bem perto do coração. Por isso mesmo, pode chover a chuva mais de corda. Pode ventar o vento mais doido de São Bartolomeu. A noite pode ser de treva, tão desestrelada como se não existisse mais o céu. Em Edu há sempre luar. Luar de agosto da cabeça de Edu.

Glória em tom maior
Elizeth Cardoso

Olhos de jabuticaba, jeito de carioca da Praça Onze e um talento do tamanho do Brasil. E tanta grandeza junta cabe todinha neste pequeno nome: Elizeth Cardoso.

TEMPO EM MARCHA A RÉ

Vou navegando pela vida de Elizeth a bordo de uma caneca de café que a mão expedita de Lourdes de Sousa, a sua querida Lourdes de Sousa, serve à moda da roça. É quente o café e acolhedora a bem jeitosa casa de Elizeth no Flamengo. Um cachorrinho de palmo e meio, metido a tigre de apartamento, olha rabugento, mostrando seu serrotinho de dentes miúdos. Mas logo recolhe a dentadura para pensar no gato das seis horas que transita, rabudo como um espanador, pelos telhados adjacentes. Elizeth fica a um canto de sofá, bem armada e municiada, para enfrentar a minha selva de perguntas. Vez por outra ri, quase fechando os olhos. E o riso de Elizeth puxa uma fileira de claros dentes que parecem talhados em luar de serenata. Largo a vista pela sala. Sou recebido por um desenho de Aldemir e um óleo de Bandeira, que fez questão de trocar suas tintas baianas por um disco de Elizeth. O grande mestre de preto e branco que é Flávio Damm deixou uma lembrança que leva sua inconfundível marca: uma Elizeth em série, sem retoques ou maquilagem, brasileira como ela só! E embaixo, com sua enorme boca de lata, como admirando a Elizeth de Flávio Damm, um gramofone dá marcha a ré no tempo. Elizeth fala desse saldo da *belle époque* engasgado numa fatia de polca ou em pedaço de maxixe mal temperado. Não sabe nada a respeito dele, se foi gramofone de cabaré ou se foi gramofone conceituado de um desses velhos casarões de Botafogo ou de Cosme Velho. Não sei por que penso em Machado de Assis. Sem pincenê.

RIO DO TEU CABELO

E de repente, conversa vai, conversa vem, numa curva mais íntima, vou com Elizeth para a Rua São José de agora, pisada por borzeguins de apressados cariocas, espécie de ponto de ligação entre Niterói e o mundo. A São José de Elizeth Cardoso morreu há muitos anos, lá para o tempo de 32, quando o Brasil cantava, a todo o vapor, *O teu cabelo não nega*. E a voz de anjo novo de Elizeth traz de volta, para encanto dos meus ouvidos, a marchinha famosa:

> *O teu cabelo não nega, mulata,*
> *porque és mulata na cor*
> *Mas como a cor não pega, mulata,*
> *mulata eu quero o teu amor.*

A Rua São José da moça Elizeth tinha casas dos dois lados. Sobradões que vieram vindo, aos trancos e barrancos, dos dias em que o Rio andava de tílburi e os cariocas de cartola. Num deles morava Elizeth. Morava e vendia cigarros, pois o orçamento dos Cardosos era de voo curto. Os cigarros que Elizeth vendia quase que não existem mais, falidas e morridas estão suas marcas. Por essa rua passava um moço muito musical, um certo Marino Pinto. Marino gostava de conversar com a moça dos cigarros e a moça dos cigarros muito apreciava conversar com Marino. Ficaram amigos. Para sempre. A glória de ambos ainda estava sendo fabricada pelo futuro. Diz Elizeth:

— Foi uma amizade que prezei a vida inteira.

Cada vez mais nova. Tinha sempre vinte anos.

RUA MORA DE GRAÇA

Mas a mocinha dos cigarros não morou só na Rua São José. Muitas outras ruas moraram na vida de Elizeth, tantas e tantas que os amigos dos Cardosos costumavam dizer, em tom brincativo, ser essa constante ciganagem uma boa maneira de não pagar aluguel, de viver de despejo em despejo. Na geografia carioca de Elizeth muitas outras praças e ruas transitaram ou deixaram de transitar. Uma ficou na sua melhor saudade. A Rua São José. Morando de graça.

VIAGENS EM TORNO DO QUARTO

Tem rodado o mundo. Conhecido terras e estradas que falam muitas línguas. Em verdade, viajar, pular de um lado para outro, não é o que Elizeth mais gosta. Do que gosta mesmo, de não acabar mais, é de não sair. É de ficar. Principalmente ficar em casa, encalhada na chuva, vendo uma coisa e outra, conversando conversas antigas com gavetas e gavetões. Há pessoas que vão para Porto das Caixas ou para a Boca do Mato como se fossem para Londres ou para Berlim. Ficam entusiasmadas com essas navegações de curta-metragem e muitas lamentam não exigir o governo passaporte para esse turismo. Elizeth acha esses marcos-polos fabulosos. Precisamente porque Elizeth não é assim. Voa na asa de um contrato, para Miami ou para Lima do Peru, como se fosse para Porto das Caixas. Sem gás e sem entusiasmo. As maravilhosas viagens das *Mil e uma noites* não foram talhadas para seu gosto. Prefere viajar em torno de seu quarto. A pé.

GLÓRIA EM TOM MAIOR

Sua glória maior não foi ser Elizeth Cardoso, uma voz que devia ser embalsamada e colocada, em redoma especial, no museu das grandes vozes brasileiras de sempre. Confessa que sua glória maior foi a de ser porta-estandarte dos Turunas de Monte Alegre, um bloco que tinha seu ninho na Rua do Riachuelo. Quando entrou na Avenida Central, pisando confete e serpentinas, Elizeth não era mais Elizeth. Era uma coisa encantada. Leve! O estandarte cá embaixo e ela lá em cima, nas nuvens, íntima das estrelas. Puxando o cordão dos Turunas de Monte Alegre, suado como moringa, vinha o velho Cardoso com um pedaço de tranca de porta na mão, pronto a reduzir a cacos o primeiro aventureiro que tentasse lançar mão de sua filha. Felizmente, o enorme sarrafo foi e voltou em paz com as costas dos outros. Para felicidade geral da nação.

DOIS METROS DE AMIZADE

Uma noite, em São Paulo, encontrou Blota Júnior. Não recorda o ano e muito menos o mês, que Elizeth não dá importância ao calendário. Blota, amigo de ajudar, convidou Elizeth para cantar num programa de rádio. Elizeth, em plena lona, cantou e recebeu pelo seu cantar uma nota firme: 50 mil-réis! Era dinheiro de dar com um pau. Rápida, meteu os caraminguás na bolsa e voltou para o Rio. Rica de não poder mais. Ri desses 50 mil-réis paulistas e diz:

— Blota sempre foi sensacional. Sempre foi formidável como é até hoje.

Blota, deputado ou secretário de Estado, sempre o mesmo. Blota inalterável. Com sua amizade que não diminui. Tem sempre dois metros de altura.

IDEAL CANCELADO

Trocaria todo seu império de lindos cantares pelo ofício trabalhoso e espinhento de enfermeira. Sempre quis ser enfermeira, transitar, de avental e touca, pelos brancos corredores dos hospitais, atendendo uns e outros. O que atrapalhou foi a voz. Uma ocasião, numa escola de dança, onde trabalhava como bailarina, certo amigo, diante de Elizeth encolhida num canto, sem muito entusiasmo para picotar cartão, chegou e propôs:

— Elizeth, canta uma coisa! Solta a garganta.

Cantou aquela noite. Cantou todas as noites. Até hoje. A enfermeira foi ficando cada vez mais distante. Sonho breve de uma noite de verão.

UM PONTAPÉ NA PRESIDÊNCIA

Uma vez, estando em Brasília, cantou para o Presidente Jânio Quadros. Cantou e agradou. E Jânio, que estava em noite musical, fez questão de fazer uma esticada. E à sombra da biblioteca do Alvorada, prendeu os convidados com uma palestra a que seu jeito de falar dava sabor todo especial. Parecia despreocupado e feliz. E eis senão quando, no dia seguinte, Elizeth, já de mala na mão, soube que Jânio tinha renunciado. Teve ímpetos de correr ao telefone e perguntar:

— Será que foi pela minha cantoria?

Não foi. Jânio havia dado um pontapé na presidência da República. Deu bom dia e foi embora.

AS TENTAÇÕES

Lanço na paz de nossa conversa uma pergunta assombrada:

— Acredita no varejo do outro mundo?

Elizeth mostra aquele sorriso de anúncio de pasta de dentes e responde com ajuda de seus negros olhos de jabuticaba:

— Não existe. É invenção do povo.

Para reforçar a nota sobrenatural jogo na sala de Elizeth, de pés de cabra e dentes de ouro, um Satanás deste tamanho:

— E no pai dos capetas, acredita?

Sua boca, que canta bonito, fala sério:

— Acredito. Como acredito em Deus.

Crê no Demônio, sem chifres ou com chifres, movido a fogo ou a enxofre, porque acredita nas tentações, às vezes mais fortes do que a nossa pobre e falível vontade. E por via das dúvidas faz o sinal da cruz. Mudo de Satanás e Elizeth de assunto.

AS HORAS DE ANTÔNIO

Admirações muitas. Desadmirações nenhumas, que Elizeth não cultiva esses mandacarus que fazem a vida áspera e pequena. Fala dos vivos com entusiasmo. De Eneida, talentosa do Grão-Pará ao fim do mundo. De Jacó do bandolim, que não cansa de admirar. Dos amigos do Zimbo-Trio, de Haroldo Barbosa, tão inteligente, de Armênio Mesquita, tão amigo. Fala ainda de um samburá de amizades que meu lápis esqueceu de anotar. E de alguns mortos queridos. De Marino Pinto, toda uma vida de bem-querer. De Ari Barroso, que tanto ajudou Elizeth. E do gordo e sem igual Antônio Maria, amigo das estrelas e das madrugadas. Via pouco o grande Maria. Mas quando encontrava "Ninguém-me-ama, ninguém-me-quer" era aquele festival. Antônio Maria tornava as noites mais curtas. As horas encolhiam. Viravam minutos no relógio encantado de Antônio.

COM LUAR E JASMIM

E vai chegando ao fim a conversa com Elizeth Cardoso, carioca de São Francisco Xavier, que morou em quase toda geografia do Rio de Janeiro, de Jacarepaguá à Rua do Resende. Sua voz tem a bondade das melhores coisas brasileiras. Tem cheiro de chuva, tem quentura do sol, tem malemolência, tem picardia, tem canto de água e perfume de jasmins fugidos dos velhos quintais cariocas. Tem tudo isso. Que de tudo isso é feita a voz de Elizeth. Com luar e eternidades de serenata.

O "UPPER-CUT" DO DESTINO

Fernando Barreto

Para este a glória não veio de mão beijada, em bandeja de prata ou por decreto do *Diário Oficial*. Veio a poder de murros. Com sangue, suor e lágrimas. Nome dessa glória e dessa fama: Fernando Barreto.

O MENINO DO CANAVIAL

Veio na cegonha de 1936, que foi um ano cheio de parágrafos, vírgulas e crases. Era o tempo da berraria. Hitler berrava em alemão. Mussolini berrava em italiano. Hitler queria transformar o mundo em chucrute. E Mussolini numa pratada de macarrão. Enquanto isso, o Brasil andava na base de *Pierrô apaixonado*. Cantava assim:

> *Um Pierrô apaixonado*
> *que vivia só cantando*
> *por causa de uma Colombina*
> *acabou chorando,*
> *acabou chorando.*

Nesse mesmo ano de 1936, um dos mais famosos jornalistas brasileiros, Brício de Abreu, pioneiro em voos de balão, completava seu curso de pilotagem, fazendo o salto, sem escala, entre Catumbi e Niterói. Chegou são e salvo no guidom do seu avião. Com um velho guarda-chuva por paraquedas.

MÚSICA ANTIGA

No sossego de sua roça campista, indiferente aos berros de Hitler e aos voos de Brício de Abreu, o menino Fernando subia nas asas da mamadeira. E de mamadeira em mamadeira, ficou crescidão, bom de braços e avantajado de pernas. Seu primeiro ofício: carreiro. Isto é, motorista de boi de canga. Os carros dele cantavam do melhor Vicente Celestino pela garganta dos eixos, feitos de roxinho do bom e do mais bem-apanhado. Pingavam bemóis e sustenidos das madeiras dos seus carrinhos de boi. Coisa de dar complexo até em cigarras de janeiro. Era aquele chiado de adoçar fio dos Telégrafos e dormentes da Leopoldina. O moço carreiro, de aguilhão no ombro, muita madrugada desaparafusou do céu campista a poder dessas cantorias. E muita estrela ele acendeu com os gritos do seu trabalho:

— Eia, Beleza! Eia, Mulata!

Seu punho, que anos depois seria mais duro que chifre de boi corneta, era de manso tratar com os bichinhos de canga. Era brincadeira pra lá, brincadeira pra cá. A essa altura da nossa conversa, Fernando passa a mão pela testa, como sempre foi do seu feitio fazer nos ringues, para melhor avivar esses guardados antigos. Confessa:

— Gastei muito aguilhão em lombo de boi. Cutucava de bons modos, por causa que não queria fazer dano aos bichinhos.

Não queria machucar as Belezas e as Mulatas do seu ofício. Como nunca quis magoar ninguém. Nem no ringue nem na vida. Maior do que seus fortes punhos, era o seu coração de menino. Do tamanho de uma roda de carro de boi. Cantando.

COM AFETO E GOIABADA

Vejam só! Enquanto Fernando Barreto preparava, em nação de canavial e engenho, braços e pernas para nocautear a fama, outros dois amigos seus, campistas como ele, bebedores da mesma água do Paraíba, cuidavam dos pés. Pedicuros, doutores de joanetes e calos? Não, senhores. Cuidavam dos seus pés que seriam de museu. Pés de Didi e de Amarildo. Didi, imaginoso como o vento, apurava sua obra-prima: a folha-seca. E Amarildo, feroz mais que um touro dos descampados, criava um estilo feito de raiva e coragem: o possesso. Se Didi era o toque do céu, Amarildo era a força da terra. E que era Fernando Barreto, vinho do mesmo pote, cachaça do mesmo alambique? Didi e Amarildo ao mesmo tempo. A malícia de um e o tutano de outro. Com afeto e goiabada.

DESTINO DÁ "UPPER-CUT"

Campeão do teto às botinas. Esteve a dois passos do título mais graúdo, de campeão dos campeões. A uma distância de dois socos apenas. Sua última batalha não foi propriamente contra o valente argentino Jorge Fernandes. Foi mais contra o destino. Um corpo a corpo que saltou por cima das cordas do ringue e subiu para as manchetes dos jornais. Nessa noite, o destino estava aparelhado com seus melhores *jabs* e *upper-cuts*. Ficou esperando Barreto a um canto. E lá em dado momento, ao aparar o moço dos canaviais um *punch* desimportante de Fernandes, embaralhou o braço nas cordas e escorregou. Acabava nessa justa hora o campeão das Américas. E começava para Fernando uma luta de muitos e infinitos *rounds* contra a morte. Nessa noite o destino vestia luvas de boxe. Do boxe inglês.

O RAIO NOCAUTEADOR

Aconteceu com Barreto o que em outros outroras tinha acontecido a Luther McCarthy, um americano da melhor linhagem dos mastodontes do boxe. De tanto dar murros estava a um *upper-cut* do campeonato mundial. Então aconteceu a luta contra Arthur Pelkey, canadense de punhos que não eram feitos de rosas. Um céu cinzento de 1914, anunciador de água, enfarruscava a pequena cidade de Calgary. Era uma luta para guarda-chuvas. E a briga corria ao melhor feitio de McCarthy, que já tinha tirado esguicho de sangue do nariz canadense de Arthur Pelkey. Pois foi nessa hora que o destino calçou as luvas e entrou na guerra. Com o brasileiro Fernando Barreto ele virou corda de ringue. Com o americano McCarthy ele foi mais sutil. Abriu um buraco nas nuvens e tirou de lá um raio de sol que veio cair inteirinho, como uma gota luminosa, bem dentro dos olhos de McCarthy. Ceguinho de bengala, o gigante americano levou as luvas ao rosto deixando campo livre aos punhos ferozes do canadense. Com esse mapa da mina ao alcance das luvas, Pelkey encomendou contra o ianque o seu tiro mais funesto. Foi um soco só, formidável e seco. A coroa de McCarthy, que era campeão mundial dos brancos, rolou pela lona em mil pedaços. E quando o juiz levantou o punho de Arthur Pelkey havia um raio de sol em sua luva. Irônico e cintilante. Feliz como um campeão.

NAFTALINA E TERNURA

Mas para Fernando, o bravo moço dos canaviais de Campos dos Goytacazes, o boxe é agora apenas uma caixa de guardados. Assunto arquivado e passado em julgado. Vejo a mão bonita de Dona Ivone Barreto, que tão bem cuida da glória e da vida de seu famoso marido, retirar desse gavetão o romance do grande lutador. São fotografias de seus murros e de suas andanças pelo mundo. Lá está ele, firme como um piloti, em pleno tablado do Madison Square Garden, o ringue dos deuses, palco dos artistas do murro, desde Joe Louis a Cassius Clay. Barreto foi o primeiro brasileiro a calçar luvas nesse cenário imortal. Em verdade, o moço simples que é Fernando pouco gosta de falar dos seus combates, das centenas de lutas que travou desde o dia em que Frederico Buzzone, seu Cristóvão Colombo, convocou o ouvido de Barreto para uma conversa de canto do ringue. Agora, neste acabar de ano, tem suas raízes plantadas no futuro. Quer ser juiz de futebol ou mestre de boxe. O que passou, passou. Fica por conta de sua caixa de guardados. Com naftalina e ternura.

O *ROUND* MAIS LONGO

Refeito da luta que teve contra a morte, passado a limpo dos pés à cabeça, Fernando inaugura em 1967 um outro Fernando. Afirma com a coragem de velho campeão:

— Estive dezoito dias em estado de coma e três meses em cadeira de rodas. Foi o *round* maior que tive de enfrentar em toda a minha vida, o mais carne de pescoço.

Fernando sozinho e sem luvas! Com Deus como juiz.

DE PÉ, COMO UM CAMPEÃO

Uma noite, estando Barreto entre a vida e a morte, colocaram um relógio à sua cabeceira. Dopado, espetado por agulhas de mil injeções, o inigualável lutador confundiu o tique-taque dos segundos com a contagem do juiz. De gravata-borboleta e dedo balançando, o árbitro apregoava:

— Um, dois, três, quatro, cinco, seis, sete, oito, nove...

E, antes que os dez segundos fatais escoassem no tempo, Fernando Barreto deu um pulo. Socou a morte e voltou à vida. Era de novo um campeão.

Céu também esquece

Fernando Sabino

Foi vendedor de relógios, professor de Gramática, funcionário estadual e tabelião federal. E escapou com vida de todos esses ofícios para ser exclusivamente Fernando Sabino. Descompromissado de diretores-gerais e não gerais, de carimbos e firmas reconhecidas. Fernando livre, Fernando alforriado, Fernando à disposição do vento.

MONA LISA DO BUROCRATA

E vejam que sujeito opinioso é esse Fernando Sabino das Minas Gerais! Desde os dias de Pero Vaz de Caminha, que já pedia na primeira carta brasileira empenhos ao rei para um galho público, que o brasileiro só tem um objetivo na vida: mamar de guloso na chupeta dos cofres nacionais. Metade do Brasil é do *Diário Oficial* e a outra metade força a barra para ser. E o cartório é para o nacional a obra-prima, o seu *Lusíadas* sem versos e sua *Mona Lisa* sem tintas. Já viram, por acaso, um tabelião em cena? É uma figura imortal. Não é propriamente uma pessoa de carne e osso. É uma assinatura. Ataca exércitos de papel com espadas de tinta. Cada cintilar de jamegão é dinheiro em caixa. Se o tabelião tem óculos, então é carregar nas despesas, que tabelião de óculos tem vantagens e garantias. Como aquele benemérito de Crubixais, o bravo Badenes Feijó. Toda vez que algum cliente dos seus carimbos reclamava dos preços, Badenes, firmando as mãos sobre a mesa, lançava o seu argumento irrespondível:

— Sou tabelião juramentado, de óculos, meu amigo! De óculos de tartaruga.

Pois Fernando Sabino era titular de uma dessas minas feitas de papéis e carimbos. Mas sem óculos de tartaruga.

CÉU TAMBÉM ESQUECE

Assalto Fernando, garrucha embalada de perguntas, no momento em que Sabino, por entre pilhas de livros de sua famosa casa editora, prepara o arremate do seu bem trabalhado dia. E na pólvora da primeira pergunta, o telefone toca e o ouvido de Fernando deixa de ser meu para ser de um sujeito que não conheço, nem vou conhecer. Fernando segura o telefone com a destreza de um velho mestre de armas. É o maior telefonar do Brasil. Marques Rebelo, por exemplo, tem ódio pessoal e intransferível ao telefone. Faz as piores ausências de Graham Bell, na opinião de Rebelo, uma criatura metediça, que tirou o sossego do mundo. Rebelo, se pudesse, não falava. Dava tiros no telefone. Mas Fernando Sabino é todo dessa engrenagem e dos seus prestativos fios. Por isso diz:

— Depois da linguiça frita de Juiz de Fora e do feijão-tropeiro foi a bolação mais sensacional do mundo.

Uma noite sonhou estar na intimidade dos anjos, encadernado em querubim. Mais tarde, querendo seu amigo de toda a vida, Hélio Pellegrino, saber como era o céu, Sabino fez o levantamento, em alto-relevo, do que viu pelo país dos santos e das estrelas. E com boca crítica:

— Uma organização fantástica com uma única falha, Hélio. O telefone! É ainda do sistema antigo, daqueles de manivela, lembra?

Vejam como são as coisas! Num tempo de voos espaciais e transplantes, o céu, que é a última palavra em inventorias, esqueceu do telefone. Que é o mesmo do cinema mudo, de corneta e manivela, através do qual Theda Bara e Rodolfo Valentino marcavam avassaladores encontros em cinco episódios. Com beijos de tarraxa.

OS 4 MOSQUETEIROS

Veio para o Rio na folhinha de 1944. Para completar os estudos de doutor em leis e assumir o cargo de tabelião. E entre lições de Direito Público e carimbos do Registro de Interdições e Tutelas viveu Fernando. Num Rio de Janeiro manso, que ainda guardava um certo jeito de serenata de esquina. Para Sabino, mineiro de fundo de quintal, foi tempo de fazer amigos e recauchutar amizades. E as noites cariocas, principalmente do califado de Copacabana para cima, começavam a ver estes quatro mosqueteiros das Gerais, na base de um por todos e todos por um: Fernando, Paulo Mendes Campos, Otto Lara Resende e Hélio Pellegrino. E outros vieram: Carlos Lacerda, Moacir Werneck de Castro, Rubem Braga, Di Cavalcanti e Vinicius de Moraes. Gente importante, celebridades em andamento. E Fernando recordativo:

— Morei em cima do Cine Metro Copacabana, no 769. Lacerda era meu vizinho do 777, especialista em perder as chaves da porta, pelo que vivia dormindo nos apartamentos dos amigos.

Era um mundo acionado a tiros de canhão e um certo Adolf Hitler começava a perder o gás. Os telegramas das manchetes dos jornais comandavam a vida. Dia de cinza quando a França caiu, dia de felicidade geral quando Stalingrado não caiu. Na manhã em que as botinas dos soldados de Eisenhower pisaram chão francês, o Rio virou festa nacional. Depois, uma tarde, morreu Hitler. E em cacos voou o Estado Novo do Dr. Getúlio Vargas. Era chegado o tempo de votos e eleições. Cada um tomou seu bonde. Moacir Werneck foi para um lado, Lara entrou firme no jornalismo e Di Cavalcanti continuou pintando suas imortalidades com tinta de mulata. Sabino, por sua vez, mergulhou na crônica e no conto. Carlos Lacerda deixou de perder as chaves, arregaçou as mangas e entrou na política. O Brasil emplacava 1945.

SALVAÇÃO VEM DA TERRA

Fernando passa a mão pelo nariz de águia meio sobre o alfanje sarraceno e pede café. E para a eficiente Sônia que secretaria os trabalhos na Editora Sabiá:

— Não aquele café antigo, do tempo das sesmarias, mas um café moderno, estalando de quente.

Vou ao café e na fumaça do café quero saber, de Fernando, qual o problema número um do Brasil:

— O mais pau com formiga, doutor.

Fernando, ágil mais que um esquilo, mata a pergunta com a rapidez com que colecionava títulos de ás de natação em seus dias de Belo Horizonte:

— O agrário, seu doutor. É o pai e mãe de todos. O maior e o mais urgente.

Embora mineiro do asfalto, menino de fundo de chácara, que só viu onça ao natural muitos anos depois e assim mesmo por entre grades de jardins zoológicos, é um apaixonado pelos problemas da terra. Garante, por isso mesmo, não haver questão nacional, desde a escassez de moradias à decadência dos circos de cavalinhos, que não tenha suas raízes no campo. Até o trânsito. Parece um problema municipal, do Rio, de Porto Alegre ou de São Paulo. Em verdade não é. É uma questão nacional, ligada ao êxodo rural. Os carros e as gentes que pisam o asfalto das grandes cidades do Brasil estariam pisando estradas e pedras rurais se o país tivesse feito, em bases modernas, a reforma agrária. Enfim, para Fernando Sabino, dos Sabinos das Gerais, o destino desta nação vai ser resolvido no mato brabo de paca e onça. Pois tudo isso — falta de leite, falta de dinheiro, falta de energia elétrica, falta disso e falta daquilo — está de braço dado com o abandono em que vivem milhões de joões e josés rurais. Entregues ao vento e às baratas. Ou melhor, à saúva.

ETERNIDADE MORA NA ESQUINA

Medindo 24 anos de Rio de Janeiro, Fernando perdeu o feitio mineiro e a fala mineira. Recorda Belo Horizonte, onde sua ilustre pessoa foi fundada em 1923, como se Belo Horizonte fosse uma saudade cancelada na geografia de seus sonhos. E é. Porque a Belo Horizonte do seu muito amar, das conversas movidas a lua, das planificações de fim de rua, não existe mais. Como não existe mais a Belo Horizonte de Paulo Mendes Campos ou de Otto Lara Resende. Nem o luar tem as mesmas penugens do luar encantado de 1935! Passou, o tempo comeu. Depois outras cidades vieram, Nova York, por exemplo. E Londres, mais tarde, apareceu embrulhada no capote do outono, como saída de um conto policial de Conan Doyle. Mas em Nova York ou em Londres, Sabino foi sempre um habitante interino, pronto a levantar âncoras e voar para o Brasil. E enquanto esvazia nova xícara de café, aponta as cidades de sua especial estima e distinta consideração:

— Rio, Salvador e Ouro Preto.

Rio de Ipanema, das tardes de Rubem Braga, das conversas de Hélio Pellegrino! Da vida perigosa, a 180 por hora. De repente, num atravessar de rua, um carro transforma os sonhos em cacos. E vem Salvador de todos os santos e de todas as comidas do Brasil. Que lava as almas em água de coco e azeite de dendê. E Ouro Preto! Tem Aleijadinho e quem tem Aleijadinho tem tudo. Tem ladeiras que levam diretamente ao céu. A eternidade mora na esquina.

OVALLE, O ENCANTADO

E fala de um certo e sempre lembrado Jaime Ovalle. Era um camarada dos contos da carochinha. Não sabia passar um telegrama nem sabia telefonar. Era o menos prático dos sujeitos do Brasil. Mas o mais lírico, aquele que fazia de um sapo um anjo. Havia sempre primavera na cabeça de Ovalle. O brasileiro encantado!

GLÓRIA PAGA IMPOSTO

É assim Fernando Sabino, glória nacional em inglês, alemão, espanhol e francês. Fernando de marca registrada. Há vinte anos que não faz outra coisa senão encantar o Brasil com um prosear de lindas belezuras. Seus grandes livros, de *O homem nu* ao *Encontro marcado*, viajaram por toda esta nação e ganharam o mundo. Seus personagens, da melhor imortalidade brasileira, podem ser encontrados nos cafés de Madri, em Belém do Pará ou à margem do Sena. São criaturas tão vivas que vão acabar pagando imposto de renda. E alto.

FERNANDO AO VENTO

Uma tarde, certo senhor gordo, empoleirado numa pasta de austero pretume, chegou junto de Fernando Sabino e disse:

— Quero falar com o Excelentíssimo Senhor Doutor Oficial do Registro de Interdições e Tutelas.

Nessa tarde antiga Fernando viu que não dava para ser o "Excelentíssimo Senhor Doutor Oficial do Registro de Interdições e Tutelas". Depois que o homem montanhoso saiu, empurrando sua negra pasta, Fernando Sabino, aliviado, foi olhar o céu que não via desde muitos meses. Era um céu de passarinho, pilotado por nuvens do mais fino acabamento. E

Sabino reencontrou o azul perdido, o azul que andava embrulhado entre carimbos tristes e papéis empenados. E de repente, o menino que ele nunca deixou de ser deu uma cambalhota e mandou o cartório embora. Era de novo Fernando livre, Fernando alforriado, Fernando às ordens do vento.

Valsa e jasmim

Francisco Mignone

Ideal de Francisco Mignone: ser Francisco Mignone. Subideal de Francisco Mignone: ser jogador de futebol. Um Domingos da Guia ou um Nílton Santos. Com fala paulista e nariz italiano.

O MUNDO DE MIGNONE

Olho o criador de tantas músicas imorríveis e minha fita métrica calcula para ele quase dois metros dos mocassins ao cabelo. Fortão, desempenadão, dizendo as coisas com sotaque quatrocentão. E tudo isso em cima de uma vida que começou no outro século, entrou neste e promete, se Deus quiser, inaugurar o ano 2000. É simples o mundo em que Francisco Mignone habita com os seus 74 anos bem criados e bem viajados: um apartamento não muito grande, mas onde o bom gosto escorre das gravuras e sobe até aos tocheiros. A um canto da sala, com ares de quem gostaria de estar aposentado, um velho piano toca em alemão, de vez que é um Blüthner. A casa de Francisco Mignone é como a sua pessoa. Amável e brasileira. Como uma valsa de esquina.

NAQUELE TEMPO PAULISTA

Fala de São Paulo antigo. E para esse seu falar vão todos os melhores bemóis de sua ternura. São Paulo daquele tempo! Uma cidade ainda meio sobre a roça. Havia bichos rurais pelas ruas. São Paulo recheada de chácaras, jardins, de casas e chalés. A vida paulista, como a vida do mundo, andava sem pressa. De tílburi, caleça e landolé. Até que um personagem novo apareceu: o automóvel. A essa altura o maestro põe uma vírgula na conversa, para recordar que o primeiro carro que deu as caras em São Paulo fez feriado municipal. E avivando memórias:

— Creio que pertenceu a Sílvio Penteado. Não tenho certeza.

Do que Mignone tem certeza é da sensação que a chegada dessas máquinas maravilhosas causou na comarca. Motoristas de boné, óculos, luvas e até guarda-pó. E as velocidades, as terríveis velocidades de 1906! Tinha moça que desmaiava ("me segura, dindinha, que vou ter uma coisa!") ao ver passar os carros na frente dos seus aterradores 20 quilômetros por hora. Um comendador, que morou numa casa de azulejos no Largo do Comércio, não aguentou o repuxo. Fechou a casa, fez as malas e deixou esta frase:

— Fábrica de fazer malucos! Além do gramofone, o automóvel! É demais.

São Paulo da primeira lata de gasolina e do primeiro desastre de carro! Um Benz, carrão mais enfeitado do que noiva de roça, pegou em péssimas condições um italiano e seu realejo. Ficou estatelado, de pernas para cima, com a entranha derramada pela rua. O italiano, o realejo? Não. O Benz.

PÓ DE ARROZ MILITANTE

Quero falar de valsas. Mignone quer falar de futebol, que é uma de suas subpaixões. É pó de arroz mais que Chico Buarque de Hollanda e mais do que Wilson Figueiredo e Maria Bethânia. É torcedor militante. Grita, discute, quer serrar o juiz com arco de violino. Sabe, na ponta da língua, escalações de velhos e esquecidos selecionados. Como, por exemplo, o de 1919, com Marcos de Mendonça, Píndaro, Amílcar, Fortes, Heitor e um certo inesquecível Friedenreich, que chutava de bico, de canela, de calcanhar, de cabelo e costeleta. A bola do Friedenreich era redondinha da silva. Às vezes cobra. Às vezes ave.

GOLEIRO, ESSE INFELIZ

E veio para o meio da sala um futebol de arquivo, de meio século atrás. Romântico. O sujeito saía do balcão do Park Royal, onde cortava panos, diretamente para o campo, onde cortava canelas. Nada de concentrações, de tratamentos especiais, de doutor para os dodóis dos jogadores. Era na raça. Os beques de 1914 eram sensacionais, como sensacionais eram os atacantes. Alguns jogavam de gorro, outros de toalha no pescoço. Houve até um que usava óculos de tartaruga. Os beques despachavam a bola embrulhada no couro dos adversários. Era cada balão! A redonda roçava as nuvens e descia para ser novamente devolvida às estrelas. Mignone acha que muito anjo foi posto a nocaute em dia de futebol paulista. Outra coisa. Era permitido matar goleiros. Os atacantes, calções para além dos joelhos, carregavam sobre os pobres Mangas de 1919, com as chuteiras soltando faísca. Goleiro que não tivesse fé e coragem e não fosse apadrinhado de São Jorge saía correndo na frente dessa horda de hunos. Como aquele Gilmar de Aparecida do Norte que, num momento de perigo, largou seu posto e sumiu no mundo. Confessou, mais tarde, que ao ver partir, em sua direção, aquele par de crioulos, cada qual mais pernoso do que outro, só teve tempo de cair na grama como lagarto enquanto aqueles quatro pés, tipo 48 bico largo, passavam levando pela frente o madeirame do arco, as cercas, dois bandeirinhas, uma cesta de laranjas e uma carrocinha de pipocas. Só isso.

SIMPLICIDADE, A ARTE DIFÍCIL

E sem aviso, o maestro Mignone passa para a música, que é o seu forte, razão de sua vida e de sua larga e merecida fama. Diz em feitio modesto:

— Sinto minha música sem comunicabilidade.

Vou protestar. Mas Mignone já está longe de Mignone e de um certo Francisco de quem não quer falar. Elogia os simples, Puccini, por exemplo. Dizem que Puccini é fácil, que fácil é Tchaikovsky. Mestre Mignone não vê nenhum crime ou inconveniência em ser fácil. Para, pensa e diz:

— Ser fácil é que é difícil. Veja o caso de Guimarães Rosa.

O criador de *Maracatu de Chico Rei* cita Guimarães como o antifácil. Sem querer desmerecer de Rosa, diz que jamais conseguiu varar um só dos seus grandes livros. Mignone não foi contagiado pela magia de Rosa. Que partiu deste mundo com o seu respeito. Mas sem sua admiração.

HARPA, SÓ PARA OS ANJOS

E Francisco, o mestre, volta a falar de música. Assim:
— Música, no Brasil, está meio século atrasada.

Ninguém, em verdade, segundo Mignone, quer estudar música, com os instrumentos mais caros do que apartamento. Um piano, sem ser lá essas coisas, custa uma nota alta. Nada menos do que 30 mil cruzeiros novos. E o violoncelo? É o outro personagem que vai desaparecendo. Como desaparecida já está a harpa. Meia dúzia de cordas de harpa custa tanto como um carro novo. Enfim, harpa só para os anjos.

VALSA E JASMIM

Quero que toque só para mim, em audição muito minha e especial, duas ou três valsas do seu talento. Mignone elogia a valsa, na sua opinião a mais brasileira das músicas, a mais flor de resedá. E nos pés desse elogio o mestre vai para o piano. Seus dedos, feitos de 74 primaveras, correm moços e espertos pela dentadura do velho Blüthner. A tarde das seis horas tropeça na janela de Francisco para cair desfalecida sobre os telhados vizinhos. Os pés ligeiros de Copacabana correm a 120 quilômetros por hora. Um luarão de conto da Carochinha sai do piano de mestre Francisco. Estamos em plena valsa. Um cheiro de jasmim sobe das casas sem jardins de Copacabana.

A CANGALHA E AS ASAS
Glauber Rocha

Não sabe nadar, não sabe andar de bicicleta, não sabe dirigir carro nem carreta. A única coisa que sabe dirigir é cinema. Nome do desajeitado: Glauber Rocha.

GLAUBER EM TECNICOLOR

Vejam só como aparece essa fama em nacional e estrangeiro aos olhos do meu lápis de apontamentos: em calças de veludo, meias vermelhas, camisa de quadrinhos amarelos e pretos e um paletó grosso, que a tarde era de água e vento. E por trás de tantas cores um par de olhos tingidos de negro. Às vezes Glauber parece estar longe, nos mares da China ou da Malásia. Às vezes perto, em águas de Niterói ou de Mangaratiba.

SALVAÇÃO EM PAPEL ALMAÇO

Quase não ri, porque não é de riso facilitado. É meio sobre o triste, meio sobre o pensativo. Todo mundo, por exemplo, acha graça em Carlitos. Glauber não. O velho Charlot, de bigodinho e bengala, não mexe com o bom humor de Glauber. Mas se alguém, numa solenidade qualquer, pede a palavra, então em Glauber Rocha é tempo de riso. Há festa nele entre o queixo e o nariz. O discurso nacional tem no moço baiano um fervoroso admirador. Qualquer que seja ele, de natalício, de batizado ou de alça de caixão. Se for discurso de posse de diretor-geral ou mesmo de um chefete de seção, Glauber lambe os beiços e esfrega as mãos. Não perde um, mesmo em São João de Meriti. É orelha de primeira fila, perto da jarra de flores e do copo de água. Diz Glauber que é dando socos na mesa ou soltando trinados de sabiá-laranjeira que o empossado geralmente tira o Brasil da beira do abismo apenas em quatro laudas. É a salvação nacional na base do papel almaço.

A CANGALHA E AS ASAS

Outro que diverte Glauber Rocha: o sujeito importante. Nada mais engraçado, mais anedota de papagaio, do que o brasileiro importante. Não tem nada para ser importante, mas é. Importante em qualquer situação, em qualquer ortografia. Nas funções mais subalternas tem ele jeito de quadro a óleo, de Napoleão Bonaparte diante de Moscou incendiada. É a própria imortalidade em sola de borracha. Glauber dá ainda esse retoque no brasileiro importante:

— Brasil fabuloso! O sujeito mais desbotado, sem fazer força, sem sair de sua escrivaninha, de repente vira glória nacional. Com direitos e regalias.

Por essas e outras é que Glauber Rocha concorda com Nelson Rodrigues quando afirma que o brasileiro é o único sujeito no mundo que dorme burro e acorda gênio. Vai para a cama de cangalhas e de noite ganha asa.

BRASIL LELÊ

E do brasileiro importante passa para o brasileiro maluco. Mas faz questão de dizer que o Brasil muito deve aos seus doidos. Garante Glauber:

— Só eles, ou quase só eles, têm feito o país avançar.

Afirma que a pátria amada vem andando a poder de empurrão de louco. Por dever de ofício, Glauber tem viajado por longes e variados lugares. Seus olhos baianos viram muitos céus e seus borzeguins pisaram muitas terras. Conhece, por isso mesmo, um rosário de nações, principalmente das Américas. Mas em assunto de doidice Glauber trouxe essa verdade:

— No Brasil está a maior concentração de malucos do Novo Mundo! Num concurso de doidos a nossa querida pátria ganha de barbada. Nem tem graça.

E apontando na minha direção afirma que cada brasileiro conhece, no barato, três ou quatro malucos públicos ou privados. Vez por outra os jornais noticiam casos deles, coisas fantásticas de loucos. Como aquele que receitava em hospitais sem ser médico, enfermeiro ou mesmo curandeiro. O mais curioso é que receitava bem, curava gente, era querido e conceituado. E só descobriram sua doideira quando tentou, por causa de uma gravata borboleta, estrangular um cliente. O lelé embirrava com gravata borboleta. Não fosse esse desimportante detalhe, até hoje estaria, de papel em punho, receitando, curando o Brasil doente. Agora deve estar às voltas com uma camisa de força, quando bem podia, com vantagem, ser sumidade de qualquer coisa. Ou mais que isso.

PARA IPANEMA OU PARA O CÉU

E fala do Brasil como nação de técnicos:

— Todo brasileiro é especialista em alguma coisa. Entende de tudo, desde o mistério das galáxias ao molho do cachorro-quente.

Não há problema, da inflação do ministro Delfim Neto ao futebol de Aimoré Moreira, que o nacional não meta a colher de pau. Uma noite, viajando com Luís Carlos Barreto, ouviu do motorista do táxi as soluções mais espantosas para o problema do tráfego. Segundo o homenzinho do volante, o que estragava a cidade não era a chuva de carros que sobre ela caía todos os dias, meses e anos. O que atravancava as ruas do Rio era simplesmente o sinal vermelho. E, categórico, com olho brilhante de farol em noite escura:

— Doutor, se sou diretor do trânsito acabava com essa desgraça de sinal vermelho. Era tudo na base do verde.

E para confirmar a teoria, desceu o pé na tábua sem respeitar nem o sinal da cruz. A viagem rapidamente acabou em Ipanema. Mas podia acabar no céu. O homem era um especialista.

O ESQUECIMENTO E A OBRA-PRIMA

É a criatura mais esquecida do mundo. Perde carteira de identidade, perde título de eleitor, perde canetas e endereços, perde horários e esquece compromissos. Mais esquecido do que Glauber Rocha só mesmo meu querido e sempre lembrado amigo Décio Vieira Ottoni, que também era de cinema e de cinema entendia. Certa feita, Décio esqueceu que tinha chegado em casa, em Niterói. Foi quando bateram na porta, chamando por ele. Abriu a janela e disse que não estava. E arrematando sua obra-prima:

— Trabalha em jornal. Só chega de madrugada.

Glauber não chegou a esse ponto, a essa joia de esquecimento. Mas anda por perto. Em casa geminada.

O CÉU E AS COUVES

Cita, contando nos dedos, três personagens que estão em alto-relevo em sua admiração: Cristo, Freud e Marx. Cristo cuidou da eternidade. Freud, entre o céu e a terra, procurou desfazer o nó das almas. E Marx, mais prático, cuidou das couves.

ONDE TUDO PODE ACONTECER

Assentou praça no mundo, ou melhor, na Bahia, em 1939, numa cidade escolhida a dedo: Vitória da Conquista. Glauber, ao dizer isso, para, passa a mão na testa, olha o tempo que venta lá fora e fala assim de sua cidade baiana:

— Os troços mais esquisitos do Brasil sempre aconteceram em Vitória da Conquista.

Uma coisa Glauber garante em pedra e cal: se algum dia um disco voador pousar no Brasil não será em Cataguases, Belo Horizonte ou Porto das Caixas. Será mesmo em Vitória da Conquista, que em Vitória da Conquista tudo pode acontecer. Ou não acontecer.

FRUSTRAÇÃO EM CACHAÇA E PÓLVORA

E tira do seu baú de guardados coisas antigas que sucederam em Vitória da Conquista e vieram vindo, pulando no tempo, até os ouvidos de Glauber Rocha. Tiros, mortes, assombrações. E conta aquela do pistoleiro de aluguel que um dia resolveu deixar a comarca por achar que sua ilustre presença não era mais bem-vista pela sociedade local. Chegou numa venda de fim de rua, pediu meio metro de cachaça ("dá bem medida e bem calibrada, seu moço!") e desabafou enquanto enxugava seus cinquenta centímetros de água de cana:

— Vitória da Conquista virou terra de mariquinhas, seu compadre! A gente guarda um metrinho de aço na barriga de um gringo, que em nação do Piauí nunca que foi crime, e é um zum-zum, um diz que diz dos capetas. Vou chegando para as Alagoas antes que ganhe saia rendada.

Canalizou mais meio metro de cachaça e foi embora.

ADMIRAÇÕES EM TOM MAIOR

Admirações baianas e não baianas de Glauber Rocha: Caetano Veloso, Gilberto Gil e Jorge Amado ("quero um bem imenso a Jorge, grande criatura e grande escritor"). Romance e música com azeite de dendê. Quando Glauber viu sair do piano Villa-Lobos, foi como se descobrisse um país encantado, a nação do arco-íris. E há ainda Nelson Pereira dos Santos, que Glauber tem em altíssimo conceito, "pelo toque novo que seu talento deu à arte deste país". Pousa ainda seu bem-querer em Vinicius de Moraes, Carlos Drummond de Andrade e João Cabral de Melo Neto. Três grandes de sua admiração.

DO SERMÃO DA MONTANHA PARA O CINEMA

Os pais de Glauber, os Rochas fazendeiros de Vitória da Conquista, desejavam que fosse um servidor de Deus, um piedoso pastor protestante. Não foi. A vida fez Glauber trocar a Bíblia pelo cinema, o Sermão da Montanha por *Deus e o Diabo na Terra do Sol*. Se a eternidade perdeu um bom soldado, o Brasil ganhou um diretor de luminoso talento, com uma arte que já comprou passagem para outras freguesias, de Paris a Moscou. Os 29 anos de Glauber são admirados e conceituados em inglês, francês, italiano, alemão e russo. É Glauber Rocha sem fronteiras. Artigo de exportação. Da mais fina e melhor qualidade das terras e céus do Brasil.

São Francisco de óculos e botas de elástico

Herberto Sales

Visto assim sem mais nem menos, a olho nu, parece um diretor de repartição pública. Trocado em miúdos, é uma das criaturas mais originais e chistosas deste país. É Herberto Sales. De bigode e óculos.

LIÇÃO DE PAISAGEM

Nasceu em tempo de flor. Era setembro. As cigarras começavam a chiar nos pés de pau de Andaraí da Bahia. Estávamos nos últimos parágrafos da Primeira Grande Guerra. O bigode do Kaiser começava a murchar. Tempo dos pronomes bem colocados, das vírgulas bem cravejadas. Por causa de uma crase, o inesquecível Brício de Abreu, de polainas e bengala, quase vazou o olho de um literato no antigo Largo da Mãe do Bispo. O Brasil, indiferente aos tiros do Kaiser, cantava por uma boca só "Pelo-telefone-o-chefe-da-folia-mandou-me-avisar". Os automóveis desses dias eram sensacionais. Nada além de 30 quilômetros por hora. Velocidade tipo flor de resedá. Montado no leme da chupeta, Herberto Sales tomava sua primeira aula de paisagem. Era 1917.

O GESTO E O CARACOL

Sua timidez faz concorrência aos caracóis. Ao menor gesto, Herberto tira Herberto da circulação. Vive encadernado em modéstia. Certa ocasião, o porteiro de seu edifício ficou muito admirado ao saber, por leitura de jornais, que o morador do apartamento 603 era bom de pena, com livros que falavam vários idiomas, do romeno ao tcheco. E de boca admirada, o olho pingando respeito:

— É doutor de muita instrução! Já escreveu até em língua de gringo.

Também uma redatora de modas de *A Cigarra*, a revista dirigida por Herberto, parou espantada ao ler, em Jorge Amado, que seu chefe era um dos grandes da ficção brasileira. Às voltas com anáguas e babados, a moça andava por fora do romance nacional. E foi entupigaitada, meio sobre a encabulada, que disse:

— Sim, senhor! Trabalhando há mais de dois anos com o doutor e sem saber de nada!

E Herberto, ajeitando os óculos de tartaruga:

— Não espalha. Escrever é negócio perigoso.

E mudou de assunto. Voltou aos aposentos de seu caracol.

UMA IMORTALIDADE CHAMADA RACHEL

A capacidade de Herberto Sales de admirar é infinita. Nasceu admirador nato. Quando descobre, na selva das nossas letras redondas, uma página que fisga seu interesse, Sales faz feriado nacional. Como o povo de Sevilha, coloca na janela os tapetes do seu grande admirar. Telefona, comenta, badala, chama a atenção de todo mundo para a descoberta. Vê o achado com os mesmos olhos deslumbrados com que Pero Vaz de Caminha, o escrivão das caravelas, viu a terra do pau-de-tinta. Não, não existe brasileiro com maior capacidade de bem-querer do que esse Sales de Andaraí, inventor de um dos maiores romances brasileiros da nossa geração: *Dados biográficos do finado Marcelino*. Várias vezes extraiu o mestre Aurélio Buarque de Holanda do sossego dos travesseiros com o ruído do seu poder admirativo. O entusiasmo herbertiano está acima dos horários e dos ponteiros do relógio:

— Acorde, Aurélio. Veja que beleza de página eu descobri, que maravilha!

Enquanto o gás do entusiasmo durar, Herberto não tem outro assunto. E não cuidem que essa febre, feita de exclamações, aparece de ano em ano. Que esperança! Vem constantemente. Seu último alumbramento: Rachel de Queiroz. Não relia Rachel desde muito tempo. Uma noite, com o sono fora de foco, desencravou da estante *As três Marias*, tão bem cortado e tão bem enroupado pelo mestre de livros que é José Olympio. Herberto queria tirar do livro uns apontamentos e acabou vivendo, admirando e amando *As três Marias* até o apagar da última estrela. E logo que pôde mandou esta telefonada na direção do meu ouvido:

— Seu José, que prosear extraordinário é o de Rachel! *As três Marias* já nasceram grande livro.

E falou de Rachel, do seu escrever sempre renovado, da eternidade que essa Queiroz do Ceará coloca no romance ou na crônica. E intimativo:

— Não perca tempo. Releia *As três Marias*.

Protestei:

— Corta essa, bicho! Sou formado em Rachel. Cursei a universidade do seu talento da primeira página ao último ano. Vou receber diploma, seu doutor!

Assim é Herberto Sales, baiano de Andaraí. Um coração de infinitas ternuras. Que sabe ouvir e entender estrelas.

NÃO VEM DE ANO 2000 QUE EU
SOU DO LAMPIÃO A GÁS

Tem ideias originalíssimas a respeito dos homens e do mundo. Uma vez, numa reunião de condôminos, um Rui Barbosa de quarto e sala desandou a falar das belezas das máquinas. Que a máquina fazia e acontecia. Que o edifício devia possuir elevadores eletrônicos etc. e tal. Foi quando Herberto, não aguentando tanta máquina e parafuso, protestou:

— Não concordo. Sou contra o progresso. Sou a favor do atraso.

Não pensem que desejou fazer espírito, ser original. Nada disso. Sua observação era sincera. Acha, por exemplo, que o motor de explosão complicou a vida. Que o automóvel é um monstro. Que ninguém, ou quase ninguém, tem hoje tempo para ver as coisas belas e grátis da vida: um cair de tarde, uma estrela no céu, uma flor de jardim. E por que tão monstruosa cegueira? Porque o homem, bicho irrequieto, inventou alucinações de ferro e metal que correm de maluco pelas estradas ou por entre as nuvens. E para que tanta pressa? Para nada. Como no poema do Ascenso Ferreira.

OS AMIGOS NÃO MORREM: TIRAM FÉRIAS

Gosta mais dos amigos do que de Herberto Sales. Fala deles com ternura. Em sua mesa de trabalho, por trás de um vidro grosso, há uma pequena galeria de amigos desaparecidos. São saudades em preto e branco marcando horas felizes. Para Herberto, as amizades não morrem. Apenas tiram férias. Porque em seu bem formado coração não há lugar para mágoas permanentes. Quando muito, zangas interinas. Por isso é que cultiva os amigos com açúcar e com afeto. Não passa dia sem ligar para Aurélio Buarque de Holanda ou para Marques Rebelo, que estão de pijama e de chinelo cara-de-gato no melhor sítio do seu bem-querer. Conta acontecidos de Aurélio, histórias de Rebelo. Como aquela do trem. É imitando o maravilhoso Rebelo que Herberto expõe o ponto de vista do amigo sobre nossos caminhos de ferro:

— Seu Herberto, o trem nacional é um contrassenso, uma aberração. Trem é para transportar grandes massas. Minério, por exemplo. E que faz o trem verde-amarelo, com raras e peregrinas exceções? Transporta passageiros de graça e balaios de galinhas.

Herberto ri do trem de Marques Rebelo. Uma criação fantástica, digna de Kafka. Em lugar de levar minérios circula com vastos balaios de galinha.

OS PARAFUSOS DOMINAM A VIDA

Tem horror ao telefone. Quando começa a tocar, Herberto aponta o dedo na direção do negro aparelho para dizer:

— Só pode ser cobrador. Conheço pela insistência. É cobrador. Tenho certeza.

Outro horror urbano de Herberto: buzina de carro. É ajeitando os óculos que Herberto desabafa:

— É um absurdo! Todo mundo quer passar na frente de todo mundo. E para que, meu Deus? Para chegar em casa e pegar a novela das sete horas.

Para Herberto Sales, a única buzina aceitável é a buzina tipo *fon-fon*. Dos velhos e morridos carros que viveram na aurora do automóvel. Quando o motorista, para dirigir uma dessas complicações mecânicas, vinha de boné e luvas. E de óculos grandes. Como rodas de bicicletas.

VIAGEM PARTIDA AO MEIO

Marques Rebelo é capítulo especial na vida de Herberto Sales. Um dia, com pena tímida, do fundo da província, Sales escreveu para o grande Rebelo. Carta foi e carta voltou. Entre o escritor famoso e o moço de Andaraí houve um consumo de selos sem fim. Foi quando Herberto, de óculos pretos e originais de romance no bolso, recebeu convite de Rebelo para vir ao Rio. Herberto fez as malas e partiu. Ainda na cabeça da viagem, encabulado e modesto, deu marcha a ré na sua navegação. Marques Rebelo, ao saber da viagem partida ao meio, mandou telegrama para Andaraí: "Obriguem Herberto a vir." E assim, puxado pelo Telégrafo, veio para o Rio. E embaixo das telhas de Marques Rebelo ficou mais de um ano, prestigiado e fomentado. E ainda foi Marques Rebelo quem arrumou editor para *Cascalho*, o primeiro romance do moço de Andaraí. Os anos loucos da década de 1940 eram chegados.

SÃO FRANCISCO DE ASSIS DE ÓCULOS E BOTAS DE ELÁSTICO

O rosto fechado, às vezes em jeito de senhor de engenho, é para despistar. Essa encadernação esconde uma terna criatura de Deus: Herberto Sales, inventor de ficção superior, de livros que vão varar o tempo e as modas, como, por exemplo, o extraordinário *Dados biográficos do finado Marcelino*. Ou o admirável *O lobisomem*, onde Herberto, com pena nova, recria palavras como os mágicos extraem ilusões de velhas cartolas. Mas não cuidem que esse Azevedo Sales de Andaraí, pátria de garimpos e histórias das *Mil e uma noites*, faz alarde das belezas que escreveu e eternizou em papel e tinta. É um Herberto simples, que só tem um desejo: voltar ao sossego das pequenas cidades onde os dias rolam como se fossem domingos. Sempre fala em viver definitivamente em São Pedro da Aldeia, numa casa com chácara, que mais parece herança de avô antigo. Morar em São Pedro sem leituras de jornais ou notícias de rádio. Longe dos monstros mecanizados, das buzinas que dão câncer e de sujeitos que falam sobre todos os assuntos, que pedem a palavra por qualquer mudança de temperatura. E envelhecer ao lado das árvores, como bons amigos, ouvindo a orquestrinha dos pardais e a fala miúda dos grilos. Como um São Francisco de Assis de óculos e botas de elástico.

Bife e alpiste

Jarbas Passarinho

Veio do país das chuvas: Belém do Grão-Pará. E tem nome lírico: Jarbas Passarinho. Madrugador e jovial como o melro de Guerra Junqueiro, manda marcar entrevista comigo às 8 horas da madrugada. Aceito o desafio:

— Às oito em ponto.

Às oito em ponto, transportando pedaços de travesseiro na alma, dou entrada no gabinete de Sua Excelência. Um contínuo, que passa equilibrando farta bandeja de café, informa que Sua Excelência trabalha desde as 7 horas da manhã. E como arremate:

— O doutor é fogo na jaca!

O relógio de Jarbas Passarinho é o canto do galo.

O HOMEM E O PAPEL

Antes de mim, um funcionário, com jeito de diretor-geral, entra adernado sobre pilhas de processos. E enquanto espero que o ministro do Trabalho desbaste, a poder de canetadas, a torre de Pisa do senhor diretor-geral, reparo que Jarbas Passarinho não é de fácil assinar. Lê, relê, faz perguntas. Faz perguntas, lê e relê. Depois, sim, é que lasca o jamegão com fé e entusiasmo no branco do papel. Por trás de uns óculos de aro brilham seus olhos inquietos, quase sempre irônicos. Enfim, vejo com agrado que a torre de Pisa do senhor diretor-geral desce ao rés do chão. E com mais agrado vejo ainda quando a mão ministerial avança para as despedidas:

— Até o próximo despacho.

Chegou a minha vez. Retiro a caneta do bolso e avanço.

TODO MUNDO, MENOS O DR. ARTUR BERNARDES

Avanço sobre o ministro Jarbas Passarinho, uma criatura simpática como quê. Antes, dou uma olhadela rápida na sua certidão de idade. É um homem de hoje, com quarenta e mais algumas primaveras. Nasceu em lugar que a gente pensa que não nasce ninguém, além de Jarbas Passarinho, do cômico José Vasconcelos e do admirável Armando Nogueira: em Xupuri do Acre. Ele nasceu precisamente num tempo em que o Brasil, como os passarinhos, estava em época de muda. Mudava tudo no Brasil, desde o jeito do cabelo ao jeito de vestir. De repente, todo mundo deixou de usar ceroulas, barba e bigode. Todo mundo, menos o caricaturista Raul Pederneiras. A nação entrava na era da gilete. As moças apareciam com cabelos de rapaz, a *la garçonne* ou a *la homme*. Tempo de limpeza geral. Foi um jogar fora de polainas e casacas sem fim! No cinema, que era mudo, Rodolfo Valentino beijava fino, enquanto Theda Bara espadeirava o coração da rapaziada que usava chapéu de palhinha e calças *palm beach*. As mulheres emagreciam a poder de iodirina e os velhos curavam a asma com os maravilhosos pós da Abissínia. Naquele tempo asma tinha ht. Foi quando todo mundo trocou o pincenê pelos óculos de tartaruga. Todo mundo, menos o Dr. Artur Bernardes. Era 1920.

O MENINO E A MALEITA

Para Jarbas Passarinho, brasileiro de mato adentro, a vida não tem sido de colher. Durante esses anos todos, que vão de 1920 a 1967, tem mantido um corpo a corpo danado com a existência. Vejam isto: nasceu em lugar longe, de seringal e mosquito. Logo nas primeiras chupetadas pegou maleita. E maleita da braba, dessa que dá até em manga de lampião. E lá veio vindo de Xupuri o menino Jarbas, ardendo em febre, pelos velhos caminhos da mata e das águas. Veio vindo, até encalhar em Belém do Pará. Não morreu porque não tinha que morrer. Media três meses de mamadeira. Era verão. Havia cigarras nos pés de pau de Belém do Grão-Pará.

TEMPO DE TIJOLO

Conversa vai, conversa vem, quero saber se alguma vez o espantoso passou pela sua vida. A resposta vem embrulhada em bom humor:

— Espantoso mesmo é ser ministro.

E conta que certo jornal, desses que fabricam tijolos em forma de editoriais, começa a fazer funcionar sua olaria contra ele. Caem pedras no telhado do seu ministério, que felizmente não é de vidro. Mas Jarbas Passarinho, homem do seu tempo, sabe que essa prática de atirar tijolos faz parte do jogo democrático. No dia em que não suportar mais, "pede a mamãe para sair do colégio", como ele gosta de dizer. Até lá, a olaria dos seus adversários vai ter que fabricar muito tijolo. E dos grandes.

CELEBRIDADE A OLHO NU

Gosta de recordar uma de suas primeiras entradas pelo mundo do jornal. Aconteceu em Belém. Um dia chegou por lá uma de nossas sumidades. Dalcídio Jurandir, que depois seria um dos grandes romancistas deste país, mandou que Passarinho fosse entrevistar a celebridade. E dando a última mão de tinta à incumbência:

— Está hospedada no Hotel Pará.

Da redação à portaria do hotel, o moço Jarbas Passarinho foi engatilhando a tirada com que deslumbraria a celebridade em trânsito. Era uma frase tipo candelabro, com pingos de luz por todos os lados. Pois foi chegando e recolhendo a frase. O grande homem recebeu o repórter em pijama listrado e com os pés em cima da cadeira. E, enquanto falava, escarafunchava o dedão velho cansado de sapato. Jarbas Passarinho nunca mais esqueceu a frase que a sumidade, de dentro do pijama, deixou cair no seu papel:

— Esta paisagem da Amazônia entope os olhos da gente.

A frase era essa. A celebridade era Jorge Amado.

ROMANCE EM PESSOA

Bons tempos esses em que Jarbas Passarinho, estudante em Belém do Pará, era aceito nas redações e tinha acesso aos grandes cobras locais. Desde então guarda um bem-querer todo especial por Dalcídio Jurandir. É com entusiasmo que afirma:

— É o grande romancista daquele mundo fabuloso. Incomparável mestre do moderno romance regional brasileiro.

Concordo. Dalcídio Jurandir já está de cadeira de balanço na ficção deste país.

A INSTITUIÇÃO DO RELATÓRIO

E por falar em romance, Jarbas Passarinho, em 1959, abiscoitou, com *Terra encharcada* (sempre a água, sempre a chuva na vida de Jarbas Passarinho!), o maior prêmio de literatura do Pará. Agora, ministro de Estado, não tem mais vagares para leituras alcantiladas. Os senhores diretores-gerais e não gerais, os sindicatos e os IAPs, os interinos e não interinos não deixam o ministro em sossego. Quando foi eleito senador, pensou com os botões do seu paletó:

— Agora, no remanso de Brasília, vou ter tempo para reler o Eça, o Balzac, o Anatole France, o Machado de Assis.

Que esperança! O que Jarbas Passarinho hoje mais lê é relatório. Largos e austeros relatórios sobre salário mínimo, sobre bagrinhos e bagrões, sobre casas para trabalhadores, sobre isso e mais aquilo. Consome metros de literatura funcional. Das sete da manhã às dez da noite. E ainda está vivo.

BIFE E ALPISTE

De repente, a conversa vai para a cozinha:

— Gosta dos pratos do Norte?

Passarinho, que não é de muito comer nem de muito beber, responde:

— Sou francamente do bife rotineiro, feito à velha moda de nossas donas de casa, simples e sem enfeite.

Fora o alpiste, é claro.

O MINISTRO E A BOLA

Outro bem-querer do ministro: futebol. Não só sabe coisas de futebol como joga também. Se não é um Pelé, também não é nenhum perna de pau. Faz desfilar diante de mim seus velhos ídolos quase todos de museu: Leônidas da Silva, Ademir, Domingos da Guia ("um becão"), Tadeu, Romeu, Tim e o mestre Zizinho. E, como carro-chefe, Nílton Santos. Comenta Passarinho:

— Vai chover muita chuva antes que apareça outro Nílton Santos.

Também concordo. E vou adiante.

LUAR DE ANTIGAMENTE

— Cá entre nós, gosta de serenata?

Passarinho gosta. As velhas serenatas de Belém do Pará deixaram marcas em sua lembrança. Principalmente as antigas modinhas do povo, as valsas de esquina. Pianos em casas com jardim, em Belém do Pará de outros tempos! O resto ficava por conta do luar, que também cantava, que também tirava seus dós de peito. Mas a serenata, como o pincenê e as polainas, foi ficando fora de moda. Até que apareceu Chico Buarque. Fala Jarbas Passarinho:

— Não sabe ele como é popular no Pará. Sua bandinha é uma instituição, uma necessidade pública.

E conta que fez a sua campanha para senador na base da charanga de Chico Buarque. Era chegar e funcionar assim:

Estava à toa na vida
O meu amor me chamou
Pra ver a banda passar
Cantando coisas de amor.

Choveu voto na cabeça de Jarbas Passarinho. E foi em ritmo de Chico Buarque que virou senador.

VIAGEM EM TORNO DE PASSARINHO

Conhece bem o Brasil, suas terras, suas águas, suas madeiras. E sua gente. É um homem que acredita neste país. É por acreditar que luta por ele, com um fanatismo de pioneiro. Tem entusiasmo de menino, porque Jarbas Passarinho, sempre que há transporte, volta aos seus dias de criança. Vou mais além: não passa semana que Passarinho não volte a Belém do Pará. É só cair uma chuva mais forte que ele faz a viagem. Certa ocasião, numa festa, o tempo começou a enfarruscar. Passarinho foi à janela ver o trovão que ameaçava. Estava no

Rio Grande do Sul. Mas, de repente, não estava mais no Rio Grande do Sul e sim em Belém do Grão-Pará, em dia antigo, ouvindo conversas também antigas de gente antiga. Não, senhores. Não contem com o ministro Jarbas Passarinho em tempo de chuva. Infalivelmente, irresistivelmente, estará no Pará, talvez no Largo de Santa Luzia, talvez no Teatro da Paz, ouvindo vozes que já morreram e artistas que não se usam mais. Abre o guarda-chuva e voa.

A MARAVILHOSA LAVOURA

José Olympio

Nasceu para o livro como Portinari para o azul. É José Olympio.

A FLOR E O CANHÃO

Nestes tempos de flor, com a primavera dando saída aos primeiros bogaris cariocas, encontro o grande José na balança dos cem quilos. Com o mesmo andar marinheiro, um ombro mais alto do que o outro, de remador de muitas águas. O eterno José Olympio! Uma noite, em 1944, deixei seus olhos e seu colarinho largo discutindo política, na porta da Brasileira. E agora, vinte e tantos anos rolados e desenrolados, volto a encontrar o mesmo José falando sobre política, como nos dias da Brasileira. Parece que o tempo encalhou na piaçava de suas sobrancelhas. Conserva o antigo gosto pelo crochê político, que em suas hábeis mãos é uma arte fascinante e discreta. É altamente bem-informado não só pela rede de importantes amizades como pelas antenas que Deus instalou em sua bem-nascida sensibilidade. Mas é um José sem partido. Editou Getúlio Vargas e Graciliano Ramos. Um que prendia e outro que era preso. Vargas que tinha canhões e Graciliano que só tinha a flor.

FRANCO-ATIRADOR

O certo é que entre o incêndio e o Corpo de Bombeiros tem vivido esse lúcido José que não é do Egito. Uma ocasião, por cima dos escombros do PSD, PTB e UDN, Castelo Branco inventou a Arena. E pessoalmente escolheu vinte brasileiros ilustres que deviam da Arena participar. José Olympio era um dos vinte. Castelo ligou para a Rua Marquês de Olinda. Disse o que desejava. José Olympio agradeceu e pediu prazo para pensar. Seu pensamento voltou em forma de carta atenciosa, onde pedia licença para continuar livre, como sempre foi. Um admirador da política e dos políticos. Apenas franco-atirador.

QUEM TEM JOSÉ NÃO MORRE PAGÃO

É fiel a seus amigos. Tem um fraco todo especial pelas causas perdidas, pelas cartas fora de baralho. Quando um amigo está nas alturas, nas páginas do *Diário Oficial*, José deixa que viva tranquilamente sua glória. Não liga o telefone, não dá sinal de José. Mas se o amigo escorrega ou desce das páginas do *Diário Oficial*, pode contar com José do outro lado do telefone. Como se tivesse conversado longamente com o amigo horas ou dias antes. E arremata sempre com um convite de prato e talher:

— Vem almoçar amanhã. Não falte que temos muito que conversar.

Generosa e amiga é a mão de José Olympio. E quem tem José Olympio não morre pagão.

A NOITE POR COMPANHIA

É fiel aos seus hábitos. Enquanto existiu a Brasileira, foi José Olympio da Brasileira. Quando morreu a Brasileira, pediu logo demissão da Cinelândia, em caráter irrevogável. Para nunca mais. A Brasileira fez, durante anos, parte da vida desse José boêmio, meio sobre o pôquer, meio sobre corridas de cavalos. Doce conversador, amigo de todo mundo. Era na mesa da velha casa que dava audiências, em sortidos papos com caixeiros desempregados e caixeiros bem colocados. Com generais que tinham tropa e generais de pijama. Com políticos federais e políticos de Tribobó. Lá aparecia um charuto famoso, o charuto de Flores da Cunha. E com Flores da Cunha mergulhava em palestras sem relógio. As vezes, vinha Bororó, de pasta de meirinho e em jeito de serenata. Ou o tenente Soares, que tanto amava as madrugadas da Cinelândia. Vinha também, para meio quilômetro de prosa, o Bolivar Martins Pereira. Como vinha o Jair Negrão de Lima, dos Limas e Negrões das Gerais. Freguês de caderno era o compadre Zé Luís, José Luís de Oliveira, chuteira famosa dos dias do futebol de Fausto e Jaguaré. José Luís era beque peso-pesado, limpador de área. Dava pontapés pelo Vasco em alto-relevo.

O CONVERSADOR INIGUALÁVEL

E quando não havia Bororó à mão ou José Luís às ordens, José Olympio amarrava sua palestra na palestra de qualquer um. Fosse garçom em trânsito ou um daqueles valentões da Lapa de 1944. As pessoas mais estranhas tomavam parte na conversa de José Olympio. Como aquele sujeito que chegou na Brasileira, puxou cadeira e desandou a falar de um certo e corajoso Janjão Ramalho. Que Janjão fazia e acontecia, que era isso e mais aquilo. E chegando a cadeira para bem perto de José Olympio:

— Ontem mesmo, seu doutor, Janjão largou um par de bofetadas na cara de um atrevido que dizia impropérios para senhoras no Passeio Público. Com Janjão é assim. Escreveu não leu, bofetão comeu.

O tranquilo José, intrigado, quis saber quem era esse D'Artagnan que dava bofetadas em honra das senhoras. E indagativo:

— Afinal, quem é esse cavalheiro sem medo e sem mácula?

E o outro:

— Sou eu, doutor! Janjão Ramalho de Almeida, seu criado.

Eram assim as noites de José Olympio na velha Brasileira. Movidas a conversa e chope. Com fartas colheres de sonho.

SAUDADE TEM NÚMERO

Já foi o Rei José de várias geografias cariocas. Mas há um número inesquecível em seu roteiro de abridor de veredas: o 110 da Rua do Ouvidor. No 110 morava a Livraria José Olympio Editora, quase na boca da Avenida Rio Branco. Era um ninho de talentos. Em certas tardes, quem passasse na frente do 110, havia de notar faíscas no fundo da loja — era Marques Rebelo em serviço. Tão famoso era esse recanto do império de José Olympio, que vinha gente de longe, de São Luís ou de Bagé, só para dar uma espiadela nessa vitrina de imortalidades. O sujeito chegava, ficava de longe, no outro lado da calçada. E retornava ao Largo da Matriz da sua paróquia ou à redação do *Rebate* de sua comarca, engrandecido. Levava nos borzeguins ou no paletó estilhaços da glória. Falo da importância do 110 e José Olympio comenta:

— A Casa viveu lá grandes dias, quando a Casa publicava noventa por cento do que a inteligência e a sensibilidade do Brasil traduziam de melhor e de mais apurado.

Fala da Casa como aquele boêmio da Cinelândia falava de Janjão Ramalho de Almeida. Como se a Casa fosse uma coisa viva, que falasse e agisse por conta própria. Sinto vontade de pedir ao Instituto Félix Pacheco uma carteira de identidade para a Casa. Tão carne e osso a Casa é.

A DIFÍCIL SUBIDA

Não foi fácil a escalada do bom José. Veio de longe, de céus e terras de Batatais. Em Batatais andou em pés descalços, em Batatais recebeu seu batismo de caixeiro e em Batatais principalmente nasceu, quando o século tinha dois anos de altura. De Batatais pulou para São Paulo da Casa Garraux. Era o tempo do *art noveau*, do gramofone, dos automóveis de manivela, da fotografia a magnésio. O cavalheiro, de fraque e cartola, encarava a máquina que cuspia rolos de fumo branco pela boca. Por trás do balcão do velho Garraux, os olhos astutos e negros de José Olympio viam São Paulo crescer. Um dia, Edu Chaves, de óculos e montado numa borboleta, subiu de Gagarin pelo céu quatrocentão. Mais alto do que tudo isso subia a vontade do caixeiro José.

ENTRE O BALCÃO E O PALÁCIO

E aconteceu um acontecido de difícil acontecer. O moço de Batatais morava num palácio e era barnabé de loja. Anos depois, uma noite, jantando nos Campos Elísios ao lado do governador Lucas Garcez, José Olympio, já glorioso e famoso, haveria de recordar seu tempo palaciano com humor e suspense. Ao café, com jeito displicente, disse:

— Já morei neste palácio um par de anos.

Lucas Garcez quis logo saber que função José Olympio exerceu nos Elísios:

— Secretário ou chefe de gabinete?

E José Olympio:

— Que nada! Morei nos subúrbios do palácio. Comia na cozinha e residia no porão.

E naquele jeito muito de José Olympio, tranquilo e pausado, contou sua aventura antiga. Era governador de São Paulo seu padrinho Altino Arantes. Sendo assim, para não pagar pensão e quarto, instalou sua pessoa nos confins palacianos. E para não pagar passagem, a fortuna de duzentos réis por cabeça, vinha a pé da Casa Garraux aos Campos Elísios. Barnabé de balcão e habitante de palácio! Quase um personagem de conto de fadas.

A MARAVILHOSA LAVOURA

Certa feita, na Casa Garraux, Alcântara Machado, botando a mão nos ombros largos do balconista José, fez funcionar sua bola de cristal. Profetizou que um dia aquele José seria editor de livros, de grandes livros. Acertou. E ele próprio acabou sendo editado pelo moço da antiga Casa Garraux. Pena que Alcântara Machado não tenha podido ver seus inigualáveis contos passados pelo bom gosto do seu amigo José. Muitos anos antes, tinha acertado contas com a vida, e partido. Trago de volta essa velha profecia do importante Alcântara. José Olympio desconversa. Desconversa para falar de um sempre lembrado e querido amigo da Casa, o Dr. José Carlos de Macedo Soares. E convicto:

— Sem esse ilustre brasileiro não teria existido a Livraria José Olympio Editora.

Macedo Soares, que colecionava ministérios e livros, homem de cultura e saber, forneceu, por empréstimo, o dinheiro para a aquisição da famosa biblioteca de Alfredo Pujol. Em cima de seus 10 mil livros, o antigo caixeiro da Casa Garraux lançou as raízes de sua maravilhosa lavoura. Uma lavoura feita de papel e tinta.

JOSÉ EM TEXTO DEFINITIVO

Assim vejo José Olympio Pereira Filho neste tempo de flor. Um brasileiro necessário, dos mais importantes de sua geração, que é uma geração de brasileiros importantes. Os anos, que costumam inventar outras criaturas dentro da mesma pessoa, esbarraram no sólido paulista de Batatais. Passaram por ele sem acrescentar ou suprimir uma vírgula ao texto definitivo que é José Olympio. É o mesmo em sua simplicidade e ternura. Até o colarinho largo conserva, como conserva o jeito marinheiro de andar e os ombros largos de remador, um mais alto do que o outro. Seu compatrício Fernão Dias Paes caçava esmeraldas. José Olympio caça talentos. E quando descobre um José Lins do Rego ou um Guimarães Rosa, é como se descobrisse o caminho das Índias. Seu entusiasmo solta as velas e vai ao mar. José inabalável, à prova de calendário e do tempo. Seu nome está de braço dado com o que o Brasil teve de mais fascinante nos últimos quarenta anos. Na mesma glória e na mesma eternidade.

Rei nagô em rosa

Joãozinho da Goméia

Sem manto e sem turbante, sem atabaques e sem terreiro, é simplesmente o cidadão João Alves Torres Filho, pacato homem deste país, sem maiores compromissos com a fama. De manto e turbante, é Joãozinho da Goméia, um dos joões mais conhecidos do Brasil. Tão conhecido como João da Lavínia, que carrega o fogo nas noites de assombramentos. Certa ocasião, do fundo de uma cubata africana, mandaram uma carta para Joãozinho da Goméia. A carta trazia apenas seu nome e o nome do Brasil. Mesmo assim chegou. Sã e salva.

NO MUNDO DOS ORIXÁS

A noite desce sobre o encantado país do rei João de Duque de Caxias. Em verdade, não estou mais no Brasil, sujeito às suas leis e aos seus parágrafos. Estou em noite africana, movida a atabaque, em nação nagô. Chove azul, chove verde, chove amarelo no reino da Goméia. Ralaram um arco-íris inteirinho por cima dos seus Orixás. Tem de tudo o país de João. Tem pano da Costa, do mais rico e do mais fino. Tem carne de bode, tem fumo e milho verde. Tem chitão e mel de cachaça. Tem Oxalá, de cajado em punho, para castigar os pecados da gente. Não há mão mais comprida do que a mão de Oxalá. Tão comprida que pode desatarraxar uma estrela ou pegar um cometa pela cauda. O mundo foi passado em escritura pública para o seu nome. Com nuvens e águas. E também pássaros.

JOÃOZINHO NO CIVIL

Joãozinho no civil, fora do seu reino e dos seus atabaques, é uma criatura adorável, que gosta de uma boa frigideira de caranguejos e de uma anedota bem temperada, com sal e pimenta. Confessa sem encabulação:

— Em troço de anedota, sou especial. Principalmente de histórias dos dias em que os bichos falavam. Nesse particular, meu estoque é mais avantajado do que o do Jardim Zoológico. Tenho bicho para toda obra.

O principal personagem do seu festivo mundo de anedotas é o macaco, que Joãozinho da Goméia, com artes de bom contador de histórias, apresenta de pincenê e rabo escovado, de cartola e polainas de abotoar do lado. Outra boa figura do seu elenco: o urubu. Afirma que o urubu, reconhecidamente grosso de garganta, está aprendendo a arte de fazer discursos. Sempre de fraque preto, sempre balançando a cabeça, Joãozinho acha que ele pode fazer carreira. E onde fica o papagaio em tudo isso? João esclarece que o papagaio é orador nato, nasceu pedindo a palavra. Com um defeito: é desbocado, impróprio para sala e salão. É o palavrão encadernado em cores.

REI NAGÔ EM ROSA

Vejam só! Antes de ser babalaô de marca registrada, antes de ser rei de Caxias, João foi coroinha. Ajudava, em dias de menino, o bondoso Padre Camilo, Camilo Alves de Lima, nos seus trabalhos de igreja. E não havia coroinha mais dedicado ao ofício de ajudante de missa e ladainha. Só mais tarde, no torniquete da doença, que pintou e bordou com ele, é que João deixou o sal e a água-benta. Foi nos terreiros de Salvador, na Bahia de Odorico Tavares, que o moço da Goméia encontrou remédio. Doença fora do corpo, atirada nas águas do mar, o ajudante do Padre Camilo virou filho de santo de Jubiabá, isto é, de Severiano Manuel de Abreu. Foi tempo de bom aprendizado, quando os vinte e poucos anos de João mergulharam, de corpo e cabeça, nos segredos dos Orixás, no mistério das águas e dos búzios. Um dia a morte aprontou a cama para Severiano. E Severiano fez a vontade dela. Pela lei dos terreiros, era preciso *tirar a mão* do falecido de cima de Joãozinho filho de santo. Fez esse serviço uma consumada mestra de candomblé, de grande nome e fama, Escolástica Maria de Nazaré. Ou melhor, Menininha de Gantois. Ela *tirou a mão* do finado Severiano da cabeça do moço João. Era como uma rainha coroando um rei. Um rei nagô cor-de-rosa.

O CÉU NO DEDO DE JOÃO

Sua casa de fé é em Caxias. Sua casa de morar é em Ramos. A casa de Ramos é hospitaleira e amiga, como as velhas casas da Bahia. É com orgulho que Joãozinho afirma:

— É casa de pobre. Mas não faz vergonha. Pode receber qualquer um, seja doutor, deputado ou senador.

Fora de suas roupas de guerra, bonitas como mantos de tucano, Joãozinho é como qualquer pessoa. Alegre e conversador. É dos finos perfumes, dos finos sapatos e das finas roupas. Tem uma coleção delas, de corte elegante e moderno. Um anel de pedra azul lembra um pingo de céu caído em seu dedo. Da Goméia é um *gentleman* no trato, um mestre de boas maneiras. Amigo de meio mundo e meio mundo amigo dele. Seu telefone cinzento não para de tocar. Trabalha dia e noite. Ninguém fica sem resposta, que o telefone é conselheiro e amigo. Para falar com o cidadão João Alves Torres Filho ninguém precisa de carta de apresentação. É bater e entrar. A casa está sempre às ordens. Casa amiga, casa de Joãozinho da Goméia.

MANGANGÁ A GASOLINA

É baiano de Inhambupe, lugarzinho sossegado, mais pacato do que uma espingarda sem cano e sem gatilho. Nasceu João, filho de João e de Maria, em mês de flor: em março de 1914. As cigarras estavam dizendo adeus ao verão. E no derradeiro canto das cigarras veio uma guerra danada de braba. A Primeira Grande Guerra. As bruxas, montadas em canhões, andavam soltas. Os bigodes de ponta virada do Kaiser alemão espetavam o mundo com vara curta. Em Inhambupe, indiferente aos canhões das bruxas e aos bigodes do Kaiser, o menino João crescia nas pernas da mamadeira. Da mamadeira para os brinquedos de beira-rio foi um pulinho só. Enquanto isso, João Alves, o pai, cortava as fazendas de Inhambupe, onde sua tesoura tinha fama e conceito. E Dona Maria Alves, a mãe, cuidava de suas prendas domésticas. Gente boa e simples. Como a cidadezinha de Inhambupe, que dormia na primeira asa da primeira coruja. Uma tarde, lá no alto do céu de Inhambupe, em risco de partir as nuvens, apareceu um par de asas com ronco de mangangá. Correu gente para o mato e gente foi rezar na igreja do Padre Camilo. Outros, mais corajosos, deram tiros para o ar. Uma velha muito velha, já antiga na primeira barba de Pedro II, foi taxativa:

— É artimanha de Satanás, coisa excomungada!

Não era artimanha de Satanás nem coisa excomungada. Era um aeroplano. Mal saído das mãos de Santos Dumont.

GLÓRIA DE UMA SÓ NOITE

João da Goméia não tem acanhamento em dizer que nunca frequentou um campo de futebol:

— Nunca! Nem sei como ele é. Se feio ou bonito.

Conhece Mané Garrincha de retrato. Como de retrato conhece Pelé. De corpo inteiro nunca viu Garrincha nem Pelé. De boxe não gosta nem de briga de galo também. Do que Joãozinho da Goméia mais gosta, de perder o sono, é de carnaval. Ninguém pode contar com seus préstimos em tempo de confete e serpentina. Fica outro. Já desfilou na Avenida Presidente Vargas como rei, como príncipe, como potentado, como Amador Bueno. São as suas glórias de uma noite. Seus contos da carochinha.

JOÃO POR FORA

Em assunto de cinema Joãozinho da Goméia está meio por fora, mais desatualizado do que aeroplano. O último filme que viu foi ...*E o Vento Levou*. Isso em 1940. João vem do tempo de Tom Mix, um revólver que atirava em todos os idiomas. Das fitas em que o galã, de polainas e costeletas, beijava em estilo de tango argentino, com a cabeça da mocinha revirada para trás. Beijos à Rodolfo Valentino. Antigos e mudos.

OS INESQUECÍVEIS

Pelo reino de Joãozinho da Goméia e pelas terras de seu coração muita amizade veio e ficou. Algumas em quadro a óleo, para serem dependuradas no prego mais vistoso de sua parede. Outras mais leves, apenas lembranças. Mas há três nomes que têm lugar especial na ternura de João: Getúlio, Juscelino e Roberto Silveira. Roberto, de irresistível encanto político, não passava pelo país de Caxias, mesmo quando governador, sem visitar seu amigo da Goméia. Quando Roberto morreu, numa hora que não era para morrer, Joãozinho sentiu que o Brasil havia perdido um grande brasileiro, e o mundo, um bom amigo. O amigo de toda gente.

ARITMÉTICA DE ESTRELAS

Pois sendo assim famoso, querido em prosa e verso, Joãozinho da Goméia só tem um desejo: acabar seus dias como proprietário de um desses pequenos hotéis do interior, tipo Hotel

Chic ou Hotel das Famílias. De tarde, na porta do estabelecimento, em cadeira de vime, o Sr. João Alves conversará com os hóspedes e com os amigos. Conversas medicinais, mansas, alcantiladas. E de noite, ao luar de agosto, depois de dar um balanço nos trabalhos do dia, contará as estrelas, porque contar estrelas é uma arte que só os Bilacs e os Joõezinhos da Goméia sabem fazer.

ASSIM NO CÉU COMO NA TERRA

Assim é Joãozinho da Goméia. Uma criatura de mansidão infinita. Ninguém recorre ao seu mundo encantado que não seja bem servido. É o prestimoso mestre de cerimônias sempre pronto a apresentar as pobres criaturas de carne e osso a Exu e aos Orixás imortais. Seus gestos têm a suavidade de paina e suas mãos a bondade das águas. Rei da cabeça aos pés. Que cura os homens e lava as almas. Assim na terra como no céu.

O amigo do rei

Juca Chaves

Maior do que seu nariz, só o seu talento. Bota o pé num patamar de escada e o nariz já está no alto do último degrau. Certa ocasião, na fronteira da Itália com a Áustria, o nariz falava alemão e a boca ainda conversava em italiano. Nariz de marca registrada. Nariz de Juca Chaves. Dez de frente por vinte de fundos. Com belíssima vista para o céu.

O AMIGO DO REI

A conversa de Juca é uma festa encantada. Como a sua pessoa, que encontro, em mesa de bar, recheando calças justas. Para ser jogral, só precisava da rabeca e do castelo. Entre copos de laranjada e forminhas de quindins, o próprio Juca é o primeiro a afirmar:

— Sou o bobo da corte, que fala mal da corte enquanto a corte se diverte.

Mas é amigo do rei.

DOM JUAN PELO FACILITÁRIO

Juca reclama qualquer coisa do garçom:

— Estou esperando uma ligação loura, de olhos claros, pelo que desejo o telefone na base do sinal verde. Entendeu?

O garçom não entendeu. Mas um rosto bonito, com os competentes acompanhamentos, é assunto que está sempre na pauta dos trabalhos de Juca Chaves. Não, não tem fórmulas infalíveis de modo a fazer com que essas doces criaturas, sais da terra, grudem de esparadrapo em nossos calcanhares. Em todo o caso, do alto de sua experiência, Juca aponta quatro condições para que o patriota, mesmo de nariz miúdo, tenha êxito entre elas: ser bonito, ter pai rico, possuir um belo carro ou um apartamento ainda mais belo. Não tendo pai enricado, não sendo bonito e não possuindo carro ou bem montado apartamento, o melhor é partir para o facilitário amoroso. E o cavalheiro Juca, com jeito perito, explica como funciona esse facilitário:

— Não tendo nada disso, manda a conveniência que o sujeito possua, pelo menos, um amigo com mulher bonita.

Às vezes dá certo. Às vezes dá tiros.

AMOR E ESTATÍSTICA

Curioso! O cavalheiro Chaves, o amoroso Juca, jamais abandonou uma só de suas amadas. É sempre abandonado por elas, campeão mundial de bilhete azul. Minto. Houve uma que Juca dispensou dos seus serviços sentimentais. Era alemã, bonita e nazista. Juca chegou e derramou no ouvido dela esta bem torneada despedida:

— Entre nós, querida, há seis milhões de judeus mortos em campos de concentração.

Frase linda! Baseada em estatísticas oficiais.

O MORANGO E O ESTERCO

Num ponto Juca concorda, pelos sete lados, com Berilo Neves, o cronista que volta a entrar em moda:

— Andar com uma mulher feia é a forma mais deselegante de andar só.

Para o cavalheiro Chaves, com seus muitos quilômetros rodados pelo mundo, mulher feia não tem autorização nem de passar em sua porta e muito menos frequentar seu prestigioso caderno de endereços telefônicos. Quanto às bonitas, Juca é todo pão de ló. Podem pintar e bordar. E trair. São sempre perdoáveis, com direito a lotear suas belezuras no atacado e no varejo. Sobre o assunto, o cavalheiro Chaves tem jurisprudência firmada em experiência de longo curso. É com ares alegres de Marquês de Maricá talentoso que Juca afirma e escreve:

— É melhor dividir a sobremesa de morango do que comer um prato de esterco sozinho.

Essa é uma das máximas de Juca Chaves. Tem dois mil anos de civilização.

BRASIL MODELO 1967

Pergunto, afogado em suco de laranja:

— E o Brasil, Juca?

Juca mata a pergunta com um golpe de karatê:

— País dos paradoxos! Os deputados falam de honestidade, os estudantes, de guerra, e militares, de paz.

Esse é o retrato que Juca Chaves faz do Brasil modelo 1967. Um retrato 3x4, próprio para carteira de identidade. Ou para passaporte de dar no pé.

NARIZ SEM RETOQUES

Depois do nariz de Cyrano de Bergerac e de De Gaulle, o dele é o mais famoso. Uma ocasião foi ao Dr. Pitanguy. O excelente Pitanguy olhou, virou e mexeu. Consultou modelos e foi franco:

— Mais bonito do que esse não sou doutor de fazer.

Juca recolheu o nariz ao rosto. E nunca mais tratou de fazer retoques nele. Não é culpado de que o resto do Brasil tenha nariz miúdo. De anão de circo de cavalinhos.

CAFÉ, O BUROCRATA

Tem ideias próprias sobre burocracia e burocratas. Já travou lutas pessoais com papéis de repartição. Nada mais importante do que os senhores diretores-gerais e não gerais. Vai o pobre postulante em busca de uma assinatura e a assinatura nunca está presente. Por trás de pilhas de processos, há sempre uma boca para informar:

— Está no café!

Segundo Juca Chaves, o cafezinho é o chefe da burocracia nacional. Todo mundo vai a ele, como se fosse um rei todo-poderoso, criador do céu e da terra, que aumenta os vencimentos e promove os servidores. E sobre papéis e funcionários, Juca Chaves gosta de recordar o caso daquele amanuense muito preguiçoso, mas que escrevia torrenciais pareceres. Uma ocasião, chamado às falas administrativas por motivo de consumir tanto papel e tinta, o homenzinho dos pareceres infinitos, ajeitando os óculos de tartaruga, confessou:

— Escrevo assim muito porque tenho preguiça de parar.

E mais não disse nem lhe foi perguntado.

O EPITÁFIO

Juca fala da vida e da morte. É ateu de tarraxa. É ele quem diz com seu dizer especial:

— Modéstia à parte, sou ateu praticante.

Não tem planos para depois do atestado de óbito. Não quer comprar terrenos no céu, mesmo sendo aqueles terrenos do padre que Marques Rebelo encontrou nos cafundós do sertão, vendedor de repousos eternos a preços módicos, com trinta nuvens de frente e quarenta de fundos. Em assunto de morte, Juca tomou deliberação. Seu epitáfio rezará assim pela boca do mármore ou do bronze:

— Nasceu como um covarde puxado a ferros e morreu como um herói nos braços da mulher amada.

Quer ter um fim de romance. Paginado em azul.

JUCA EM TRIPLEX

Mas do que Juca Chaves cuida, com seu melhor cuidado, é da vida. Agora mesmo, enquanto fatura seu talentão boa e firme nota nos teatros cariocas, dá a última mão de tinta em sua casa paulista: três andares de muitos e variados confortos para o bom viver de Juca Chaves. Grande para abrigar sua pessoa, seu nariz e seu talento. Os arranjos e recheios caíram nas mãos do *signore* Ugo di Pace, homem movido a bom gosto. A decoração vai matar de inveja os silvícolas da comarca. Informa Juca:

— A piscina é que é pequena. Para caber nela de norte a sul sou obrigado a cortar as unhas.

O resto é grande, desde as escadas aos móveis do *cinquecento* italiano. E, lá em cima, um terraço para descanso dos amigos e dos anjos, pois o ateu Juca Chaves, em noite de treva e água, não vai deixar sem abrigo um querubim retardatário, que perdeu a nuvem da meia-noite e encontrou os portões de São Pedro fechados.

AS ADMIRAÇÕES

E agora aponta Juca Chaves as suas admirações, que as desadmirações são muitas, um batalhão delas, devidamente equipado e mobilizado. Começa por citar um certo e admirado Sérgio Porto, às vezes Stanislaw Ponte Preta. Diz dele:

— É um dos poucos que leio e releio com um interesse que não cai na compulsória.

E de Sérgio Porto passa para Guilherme de Almeida. E de Guilherme de Almeida para Cassiano Ricardo. Papas do seu bem-querer, poetas do seu muito amar. E aponta outros três cavalheiros que estão no roteiro do seu entusiasmo. Três entusiasmos em três idiomas: Chopin, Prokofiev e Villa-Lobos. Se um dia, por decreto do *Diário Oficial*, fosse confinado para a tal ilha deserta, levaria, como encanto do seu desterro, as músicas deles. Não estaria tão só. Nem estaria tão triste.

JUCA EM BAIXO-RELEVO

Tem uma boa batelada de sonetos prontos e arrematados. Nome de batismo do livro: *Eu, baixo-relevo*. São mais de quatro mil versos: trezentos sonetos que o olho especializado de Guilherme de Almeida selecionou cuidadosamente. Selecionou e gostou. Juca Chaves faz fé em sua poesia, que é parnasiana, de rima certa e bem tratada, com a clássica chave de ouro. Como seu ilustre colega Luís de Camões fazia há quinhentos anos de antigamente. Com pena de pato e um olho só.

O ESPADACHIM

Juca Craves, carioca civilizado e lapidado por São Paulo, veio no calendário de 1938, que foi o ano de sua primeira mamada. No começo, tinha um nariz pequeno, mal-ajambrado. Com o tempo, encorpou até chegar a essa obra-prima de hoje. Canta com inteligência, fala com inteligência e pensa com inteligência — suas frases, verdadeiros golpes de espírito, são como pontas afiadíssimas de afiados punhais. Vejam o jeitão dele! Parece estar sempre em guarda, de espada em punho, pronto a reduzir a fatias o incauto que passar na alça de mira de sua lâmina. É orgulhoso de Juca Chaves. Nunca curvou a espinha, em forma de vírgula, para agradecer o aplauso do público. É reto como certas palmeiras de casa antiga. Nasceu assim, vai morrer assim. E no céu, quando lá chegar, se a porta for curta, não pensem que o cavalheiro Juca Chaves vai abaixar a cabeça. Simplesmente dará meia-volta e rumará para o inferno. De cabeça erguida e violão a tiracolo. Como um velho e glorioso espadachim.

O FUTURO MANDA LEMBRANÇAS

Juscelino Kubitschek

Nunca perdeu tempo em miúdas faxinas de ódio ou ressentimentos. Construiu uma cidade e mudou o jeito deste país. É lendário e histórico. É JK.

LENDA EM ÓCULOS E PALETÓ

Converso com a lenda Juscelino Kubitschek de Oliveira em fim de tarde carioca, depois de varar meio quilômetro de guarda-chuvas e galochas. Cai do céu carioca uma chuva errada. Devia cair nos campos das Gerais para dar raiz em pé de boi e fazer crescer o milharal. De qualquer modo, bom tempo para uma conversinha mineira, em recanto de sala, bem fumada e bem cafezada. É o que faço. Durante quase duas horas amarro minha navegação na porteira desse brasileiro de página de história. Viajo por essa fabulosa nação que é JK em pessoa. Dependurado em seu fascínio.

LUAR PARA EXPORTAÇÃO

Engraçado. Chove lá fora, mas o Dr. Kubitschek fala de luar. De um certo luar que só existe em Diamantina e comarcas adjuntas. Quando chega agosto, que é mês de vento e de desgosto, o luar de Diamantina está maduro para ser encaixotado e exportado. Pinga dos telhados como se fosse leite. Não é vantagem fazer serenata em Diamantina. Se o instrumento é desafinado, se a voz é empenada, o luar pega logo o violão e canta suas cantorias antigas, como aquela do peixe vivo que não pode viver fora da água fria. Recentemente, ofereceram ao famoso doutor uma serenata da melhor marca mineira. Enorme, de não caber em Diamantina. Milhares e milhares de figurantes. Um comício de gente. Agora, JK quer organizar uma serenata em tom menor. Com poucos violões e meia dúzia de amigos. Com o luar por companheiro.

DIAMANTINA INTOCÁVEL

Com um pé no sapato e outro no chinelo, JK ri do luarão de sua terra. Dizendo assim:

— É da melhor marca nacional.

E por trás do luar, espiando do fundo dos quintais e do alto das varandas, fica Diamantina, a mais lusitana das cidades do Brasil, tão encadernada em português como Braga ou Guimarães. Um dia, os especialistas em tombamento, os doutores do Patrimônio Histórico, deram a cidade como intocável e imorrível. Com todos os seus pertences, ruas, telhados, portas, janelas, pedras e pedrinhas, ventos que ventam e chuvas que chovem. Tombaram tudo. Diamantina virou monumento nacional. Como suas estrelas.

OS FANTASMAS ANDAM DE NOITE

Com tanto pedaço de noite e farelo de luar à minha disposição, faço uma pergunta meio chanfrada:

— Presidente, como anda Diamantina em matéria de assombração?

O Dr. Kubitschek não recua, não cai em riso. Tira os óculos e viaja na mesma hora para as suas noites de calças curtas. E regressa de lá com um personagem enluarado, um certo cavaleiro que foi morto em perdidos anos e que teimou em não falecer. Ficou encantado, vivendo mais do que em seus dias de carne e osso. Comenta o bom humor de Juscelino:

— Que fantasma de castelo inglês, que nada! Assombração para o meu gosto só a do mineiro de Diamantina.

E relata, de óculos em punho, ser o enfeitiçado das noites de Diamantina um fantasma andador. Pontual, saía sempre na hora certa, no ponteiro da meia-noite. Navegando em pata de cavalo. E era em pata de cavalo que atravessava a cidade para desaparecer na noite do sertão. JK recorda:

— Embaixo dos cobertores, enrolado no medo, a gente via, sem olhos, o cavaleiro passar em seu galope encantado.

O cavaleiro da noite! Muitas vezes, no Catete ou no Alvorada, em Nova York ou em Paris, no poder ou no exílio, Kubitschek ouviu seus perdidos passos. Melhor, vai ouvir esse tropel a vida toda. Enquanto tiver um coração de menino.

O FUTURO MANDA LEMBRANÇAS

E do álbum antigo, de baú mineiro, o Dr. Kubitschek passa para um livro inédito: o ano 2000. Franzindo a testa, que é um jeito muito seu, apanha os óculos para melhor ver o futuro.

As antenas de JK dizem que será um tempo bom, mais igual e mais amigo. Tem um termo para classificar essa época que está por trás do ano 2000:

— Homogênea.

Os grandes desencontros e contradições dos nossos dias terão desaparecido. Serão memórias de um tempo de procura e transição. E empunhando o último livro de Celso Furtado (*Um projeto para o Brasil*), o Dr. Kubitschek chama a minha atenção para a experiência francesa deste verão, para aquilo que Charles de Gaulle costuma chamar de participação. JK faz fé na França, pois da França pode chegar a solução para os problemas deste morrer de século. Talvez mais do que dos Estados Unidos. E explicativo:

— A França é mais vivida. Não é à toa que tem mais de dois mil anos. Uma respeitável certidão de idade.

JK, o eterno otimista, sabe que o futuro já começou. Começou andando nas pernas de suas máquinas maravilhosas, que falam e pensam, que tudo sabem e tudo resolvem. Que arquivaram, como antiguidades de museu, os contos mais arrojados das *Mil e uma noites*. Scheherazade envelheceu.

POLÍTICO, ESSE DESCONHECIDO

Elogia os políticos brasileiros, às vezes tão mal compreendidos e tão mal interpretados. Garante que a eles deve o Brasil grande parte de sua grandeza, de vez que têm sido presença importante em todos os momentos de decisão deste país. Em suas longas navegações pelo mundo da política e dos políticos, tem tido o Dr. Kubitschek oportunidade de travar relações com figuras admiráveis. São muitas, de perder a conta. Mas destaca dois nomes que estão no melhor sítio de seu entusiasmo: Osvaldo Aranha e Antônio Carlos. É com admiração que afirma:

— Verdadeiramente sedutores, representantes de um Brasil cordial e amável. Um Brasil de primeira ordem.

Criaturas esplêndidas! Um gaúcho e outro mineiro. Em suas mãos a política era realmente uma arte de bom gosto. Uma flor de civilização.

ORQUÍDEAS NAS NUVENS

E volta aos políticos, que lidar com eles tem sido o ofício de sua vida. Para JK de Diamantina e de Brasília, só os políticos, por sua intimidade com as massas brasileiras, podem governar com êxito esta nação, ao contrário dos técnicos que sabem coisas mas não são formados em povo. E ser formado em povo é para o desenvolvimentista JK a melhor das recomendações. É bem-humorado e outra vez franzindo a testa que o Dr. Kubitschek fala da visão dos políticos e das limitações dos técnicos. E deixa no ar esta sugestão:

— Se os economistas, por exemplo, resolvessem os problemas das nações, do Brasil ou da França, era o caso de se fazer um concurso público entre eles e entregar ao vencedor a presidência da República.

O Dr. Kubitschek não tem nada de pessoal contra esses especialistas em salvações públicas, geralmente criaturas admiráveis, que tudo resolvem no papel e nos gráficos. Tão admiráveis, que chegam, muitas vezes, a inventar um dialeto. Não falam a linguagem comum dos mortais. São botânicos e não jardineiros. Alguns cultivam orquídeas nas nuvens.

OS AUDACIOSOS

Em verdade, o mais vivo entusiasmo de JK vai para os homens audazes, os que sacodem as nações e dão novos destinos à vida. Os pioneiros. Não foi por acaso que nasceu numa cidade marcada pela aventura. Diamantina está no roteiro dos melhores sonhos brasileiros. Por suas vielas e estradinhas de luar passaram pencas de poetas que nunca fizeram versos, que nunca rimaram sol com arrebol, mas que construíram poemas ao seu modo nas entradas pelo sertão de onça e bugre. Foram eles que espicharam o Brasil. Não foi por trás de escrivaninhas, fazendo torrinhas de números, que o Brasil cresceu. Foi nas botas de seus pioneiros que o país andou. Às vezes, aos trancos e barrancos. Mas andou. Para esses construtores de nações, os audazes, vai o melhor abraço de JK de Brasília.

TRÊS PARA A HISTÓRIA

Cita três personagens do Brasil de todos os tempos. Nesta ordem:
— D. João VI, Mauá e Vargas.
D. João pela visão que teve do Brasil que nascia. Mauá pelo empurrão que deu a este país. E Vargas pelo sentido social de seu governo. Três figuras que viram o Brasil além do seu tempo. Muito para além de suas vidas.

A LAVOURA DO TEMPO

E dos problemas do mundo e do Brasil passo para o dia a dia do Dr. Kubitschek. Neste inverno brasileiro de 68 escreve memórias, um largo mural brasileiro: "Meu caminho até Brasília." Nada de mágoas ou queixas, que JK é dos que pensam ser a vida muito curta para ser pequena. São mais de setecentas páginas bem temperadas. Com cravo e canela. A história de uma longa caminhada: desde as noites a bico de gás de Diamantina às luzes presidenciais de Brasília. Uma boa conversa à moda brasileira. Com a inconfundível marca de JK.

O IMPOSSÍVEL TAMBÉM ACONTECE

Pelo menos uma vez o impossível assentou praça em sua vida. Diz:

— Foi recentemente. Bem no céu de Belo Horizonte.

E conta, com a sua bem-apanhada voz, que vinha de Guanhães e voava sobre Belo Horizonte. Para matar o tempo contava aos seus companheiros de viagem uma historinha de Golias, ouvida, dias atrás, na televisão. Era o caso de um cachorro que tinha sido atropelado e estava merecendo os cuidados de um padre. Nisso, passou um pastor protestante que fez esta pergunta:

— Confessando o cachorro, padre?

E o padre:

— Não, pastor. O cachorro é protestante.

E mal tinha JK acabado de contar a anedota de Golias, foi avisado, pelo alto-falante de bordo, que um passageiro de outro avião queria falar com ele no aeroporto de Belo Horizonte. E sabem quem era esse passageiro que desejava falar com JK? Nada menos do que Ronald Golias. Em carne e osso. E não em anedota.

ENTRE OS LIVROS E A VIDA

A tarde vira noite na pequena sala da nossa conversa. Um amigo de longe, das Gerais, pede seu ouvido ao telefone. Aproveito para excursionar pelos livros que moram no acolhedor escritório do Dr. Juscelino Kubitschek. São poucos, nem chegam a mil. Vejo falas estrangeiras em suas lombadas, desde austeros tratados em inglês ao ameno Anatole France. Sobre a mesa bem-arrumada, entre papéis e notas, anoto dois romances, um de Jorge Amado e outro de Josué Montello. E uma famosa biografia do Barão do Rio Branco escrita por importante amigo de JK: o ensaísta Álvaro Lins. E espiando os livros, nos pregos da parede, aquarelas e óleos. Quase todos das Gerais, desde ladeiras de Ouro Preto a um céu muito azul que pode ser de Congonhas do Campo como pode ser de São João del-Rei. Cores de Minas para os olhos castanhos e para o grande coração de JK.

A RECEITA IMORTAL

Maria Bethânia

Bethânia com *th*, Vianna com dois *nn*, Telles com dois *ll* e Velloso também com dois *ll*. Com tanta letra dobrada, com nome tão longo, Maria Bethânia Vianna Telles Velloso devia ser uma criatura cheia de nós pelas costas. Não é. Simples como ela, só a água da bica, filtrada por Deus nos córregos das nuvens. Vai cantar a vida inteira as suas lindíssimas cantorias. Com talento, sal e pimenta.

MARIA ANTIGA E FUTURA

Esguia como um bambu novo. No telhado, dividido em dois, um cabelo de marca registrada, os mais famosos bandós do Brasil. Não sei em que álbum de 1870 vi rosto assim, de penteado assim, de jeito assim. Tranças do tempo de *A dama das camélias*, voz dos dias que estão nascendo nas asas dos *Sputniks*. Entre o velho e o novíssimo vive a moça de *Carcará*. Tem um pé no barroco e o rabo de olho no ano de 2000. É antiga e futura. É Maria Bethânia.

A MÁQUINA INFERNAL

Podia ter nascido em Salvador, podia ter nascido em Recife ou no Rio de Janeiro, que são cidades deste tamanho. Pois foi nascer em Santo Amaro da Purificação, que é uma cidadinha assinzinha, de sossegado viver, onde as horas são puxadas a caracol. Nada neste mundo — nem o rei nem o presidente da República — faz Santo Amaro da Purificação perder a compostura. Não corre nem por ouro nem por prata. Pergunto a Odorico Tavares, que entende mais de Bahia do que uma biblioteca, como é Santo Amaro da Purificação. Odorico, ajeitando os óculos, responde que é uma belezura de lugar, que outro não existe na Bahia tão bem-acabado e bem-composto. Os próprios pássaros, comenta Bethânia, quando cruzavam os céus da cidadezinha tiravam o pé do acelerador. Voavam a meio fogo. Em 1830, um certo Capitão Badaró, homem de largas navegações, trouxe das Oropas um aparelho que deixou Santo Amaro da Purificação sem dormir. Fazia barulho de mil capetas num saco. Era um relógio de parede!

MOÇA FEITA DE FUMAÇA

Gosto de ouvir Maria Bethânia falar dos dias antigos. Sua voz, meio rouca, tira do baú uma cidadezinha de encomenda. Vou ao casarão onde a moça dos bandós nasceu em certo dia de junho. Dois andares de pedra e cal e duzentos anos de chuva e reumatismo. Entre a primeira telha e a cegonha que trouxe Maria Bethânia dois séculos rolaram, lentosos, como mel grosso escorrendo por gargalo estreito. Havia mistérios no casarão dos Telles Velloso de Santo Amaro da Purificação. Em determinadas épocas, quando o vento zunia mais forte, os duzentos anos do casarão marcavam comício nos corredores e nas salas mais distanciadas ("de principalmente em noite de luar, sim, senhor", diz Bethânia inventando voz mal-assombrada). O luar de agosto, amadurecendo até fechadura de porta, fazia a casa dos Telles Velloso botar para fora os seus guardados mais escondidos: vozes sem boca, passos sem pernas, janelas abertas sem ajuda de braços. Mas a estrela da companhia, a rainha da noite, era uma certa moça de tranças que aparecia meio desbotada, esculpida em rendas, como em fotografia mal tirada. Só as mãos, de gestos imemoriais, apareciam mais nítidas. Maria Bethânia conta:

— Mãos de fumaça, como dizendo adeus, em fundos de corredor.

Era uma assombração de pequeno calado. Lírica. Vinha na boquinha da tarde. Como os jasmins. Como as damas-da-noite.

MESA DE TODO MUNDO

A mesa baiana dos Telles Velloso, com Dona Canô no comando, era do tipo sessão contínua. Começava com o café da manhã e entrava pela noite afora. Era chegar, puxar cadeira e comer. Em dia de batizado ou comemorativo nacional, dava gente até em cima dos armários ou dentro das gavetas. Iam tirar um talher e saía um sujeitão de botas e espora. Na casa baiana do Sr. José Telles Velloso, marido de Dona Canô e pai da menina Bethânia, ninguém precisava exibir carteira de identidade para entrar. Lá uma ocasião, vindo de viagem,

Telles Velloso deu com a casa armada em festa — vários leitões e perus, lourinhos feito mel, eram atacados por milhões de gentes. Foi quando um sujeitinho metido a importante, de perna de peru em riste, embaraçou os passos do excelente José com perguntas ferozes. Queria saber quem era, de onde vinha e para onde ia. Velloso, que nunca perdia a esportiva, meio debruçado sobre o ouvidinho do magricela, assim falou:

— Esteja a gosto, meu senhor. Sou apenas o dono da casa. Apenas o dono da casa...

O magrinho caiu do alto da perna de peru e quase morreu. Engasgado em espanto e farofa.

APRENDIZ DE DI CAVALCANTI

Como Di Cavalcanti ("fico com olho em febre de 40 graus diante dos seus verdes e azuis"), Maria Bethânia adora perder tempo. Diz que nada há de mais medicinal do que andar à toa, enrolada em braço amigo, sem destino, sem programa. Gosta de acordar tarde, na madrugada do meio-dia. E detesta relógios. Teve um maravilhoso, boêmio como outro igual não havia. Bethânia tinha compromisso para as sete horas da manhã. Dava corda, acertava o despertador. Mas que esperança! O reloginho acordava sempre depois dela, com a cara mais preguiçosa dos últimos cem anos. Mas os dois, Bethânia e o despertador, viviam numa camaradagem sem fim. Até que uma noite, de verão rasgado, o danadinho fez trim-trim e acabou. Faleceu como um pintassilgo, trepado no ponteiro das duas horas. Devagarinho, como viveu.

A MORTE DAS HORAS

Deram então para Maria Bethânia um relógio da mais alta precisão, trabalhador braçal das horas. Não perdia um minuto. Se engasgava num segundo, descontava logo em seguida. Terrível! De saída, Maria Bethânia antipatizou com a peça. Era pontual demais, prático demais. De noite, botava olho de gato, fosforescente. Se era para despertar às sete, dois minutos antes ele sacudia o quarto, a casa, o mundo. Até que uma noite, em que Bethânia estava um tanto ou quanto sobre a fossa, o relógio deu de badalar. A moça de *Carcará* não conversou. Com duas sapatadas, liquidou a precisão dele. Morreu com as entranhas de molas e rodinhas escorrendo pelo quarto. Em decúbito dorsal.

O SUÍÇO DE MADUREIRA

Meses depois, numa esquina de rua, Maria Bethânia encontrou um camelô dizendo maravilhas dos seus relógios suíços. Maria recusou. O camelô insistiu. A moça foi franca. Relógio com ela só de marca-barbante. O camelô também foi franco. E de despertador em punho:

— Então está na mão do artista, dona! Este relógio não é de nada. É feito em Madureira, por um maquinista da Central do Brasil. É o relógio mais vigarista que já passou pelo meu estabelecimento.

Maria Bethânia, sacando da carteira, disse:

— É com esse que vou!

Comprou o relógio marca-barbante. Suíço de Madureira!

OS DESIMPORTANTES

Está contente com Maria Bethânia Vianna Telles Velloso, da comarca de Santo Amaro da Purificação. Contente com os amigos e com suas admirações, que vão de Clarice Lispector a Vinicius de Moraes, fazendo baldeação em Fernando Pessoa, Carlos Drummond de Andrade e Sá de Miranda. Com Glauber Rocha, com Caribé, com Mário Cravo, que adora e venera. E com a colunista Marisa Alves de Lima ("que admiro de não acabar mais"). Se tem suas admirações, tem também suas desadmirações. Por exemplo, detesta ("de morrer, de ficar com a cuca avariada") gente prática, que faz da vida um livro de vendas mercantis. Em verdade, os tipos que mais fascinam Maria Bethânia são os simples, sem babados, sem banca e sem pedestal. Os desimportantes. Como o camelô do seu relógio, sempre com um olho no freguês e outro no rapa. Ou o homenzinho de sapatos furados e camisa rota que vende suas pobres mercadorias dizendo ser representante de "poderosas companhias norte-americanas em trânsito pelo Rio". Geralmente falam espanhol ou inglês da Praça Mauá. Para eles toda a solidariedade de Maria Bethânia. O melhor de Maria Bethânia.

A FRASE

Sua frase querida:
— E pensar que gastei o meu maior e melhor amor com uma mulher que não me amava e nem era o meu tipo!
É de Marcel Proust. O homem do tempo perdido.

A RECEITA IMORTAL

Azeite de dendê, vento que puxa saveiro, azulejos de casa antiga, jarro de flores em janela azul, adeus de criança, o pisca-pisca das estrelas, panela de barro, canjerê, coentro, sal, limão e pimenta. Juntai a todas essas eternidades meia pitada de luar da Bahia e duas colheradas de sol de Abaeté, que é o sol brasileiro de melhor qualidade. E tereis Maria Bethânia. Todinha. Com a graça do Divino Espírito Santo. Amém!

A VOLTA DO MENINO DE ENGENHO
Marcial Dias Pequeno

É Marcial Dias Pequeno e tem quase dois metros de altura. Nasceu cearense de Icó, e em Icó pegou embalagem de 1,80 por cima dos sapatos. Se Icó tivesse Aleijadinho, seria mais Ouro Preto que Ouro Preto das Gerais e da pedra-sabão. Sobrados tão velhos que perderam a conta dos anos. Telhados que choraram milhares de chuvas e varandas que ficaram azuladas de tanta camada de luar. Em Icó a mão do vento esculpiu as coisas mais imorríveis do Ceará: memórias, acontecidos, sucedidos e assombrações. Os engenhos de Icó! Cada qual mais saliente, mais cuspidor de fumaça. E numa dessas almanjarras recebeu o menino Marcial sua primeira lição de astronomia. Uma ocasião, na asa do primeiro bacurau da noite, uma estrela caiu mortinha da silva na bagaceira do engenho. Desde então, quando falam na eternidade das estrelas, Marcial sorri. Pensando no filhote do céu que desabou nos olhos de sua infância. Estilhaçado em mil pedaços e pedacinhos. Era uma estrela em cacos.

CEARÁ SOCIALISTA

E, de repente, viu que não podia ficar mais no Ceará. Conta Marcial:

— O cearense é um socialista nato. Não pode ver ninguém acima dele. Como eu tinha, aos dezessete anos, 1,80 de fita métrica, tive de deixar o Icó.

Com esse tamanhão todo, Marcial Dias Pequeno não podia ficar no Ceará. A não ser que encurtasse.

MUNDO VOA DE AEROPLANO

E veio para o Rio de Janeiro no navio de 1925. Veio para pisar colares de melindrosas, que os colares das melindrosas desciam quase no chão em 1925. Moças de pastinha na testa e boca em formato de coração. Como saídas do lápis de J. Carlos. Época do aeroplano. Anos antes, Gago Coutinho, munido de enormes óculos de aviador, tinha pulado de Lisboa ao Rio de Janeiro. E os brasileiros, montados no *Jaú*, fizeram o mesmo. Todo mundo usava chapéu de palhinha, todo mundo queria voar. E Marcial, no fogo desse entusiasmo voador, mandou dizer para o Icó que estava com intenções de furar as nuvens. Quando a carta de Marcial chegou no Ceará, um velho amigo dos Dias Pequeno torceu o nariz e disse:

— O moço perdeu a cabeça. Está aí, está socialista.

O Rio de Marcial era assim. Amável. Os dias tinham mais de 24 horas. Havia tempo para tudo. Até para não fazer nada.

JORNAL DIZ ATÉ LOGO

Caiu inteirinho no *Imparcial*. E do *Imparcial*, pela mão de Humberto de Campos, pulou para o *Diário Carioca*, um jornal de sumidades cada qual mais importante do que o outro, desde Maurício de Medeiros a Virgílio de Melo Franco. E na batuta dessa bem tocada orquestra, o mestre de todos, o famoso J. E. de Macedo Soares. Desse prestigioso mirante de papel e tinta, o moço de Icó viu passar várias revoluções, algumas de pólvora seca e outras movidas a tiros propriamente ditos. Foi preso, viu seu jornal quase empastelado. Cronista político, com senso de observação à flor do lápis, Marcial teve oportunidade de conviver com personagens que fizeram história ou com sujeitos que não passaram de uma frase de mau gosto da vida pública desta nação. Lidou com famas permanentes e com políticos do sertão, que subiam as escadas do *Diário Carioca* em cima de botas rangedeiras. Fiel ao *Diário Carioca* permaneceu até que o *Diário Carioca* saiu de cena como um velho e glorioso ator. Porque para Marcial Dias Pequeno, talentoso homem de imprensa, os jornais não morrem. Dizem até logo.

QUIXOTE DE PALETÓ-SACO

E no seu gabinete de trabalho da ABI, onde conversa comigo, tira das velhas páginas do *Diário Carioca* uma figura de sempre: José Eduardo de Macedo Soares. Dele, do seu idealismo e desprendimento, guarda Marcial o mais terno retrato. Macedo, esfuziante de inteligência, mandou embora uma carreira de grande calado, a de oficial da Marinha de Guerra, para embarcar num navio de papel: o *Diário Carioca*. Segundo Marcial, fez bem. Os artigos que escreveu, num estilo seco e límpido, vão ficar entre as grandes peças do jornalismo brasileiro de todos os tempos. E lembra Marcial que J. E. de Macedo Soares sustentava o fogo de sua prosa com a coragem de sua alma. Não conhecia medo. Era um Macedo à prova de tiros e ameaças. Quase sempre Quixote. E jamais Sancho Pança.

MONTADO EM FILÉ *MIGNON*

O *Diário Carioca,* como o Brasil, sempre viveu em déficit. É que Macedo nunca fez do seu grande jornal um balcão ou guichê de arrecadações. Por isso mesmo, o *Diário Carioca* foi sempre lírico, boêmio como ele só. Num desses períodos de déficit, Marcial, de carta em punho, seguiu para São Paulo, na direção do mano de José Eduardo, o Dr. José Carlos de Macedo Soares, que tão marcante projeção teve na vida política e na sensibilidade deste país. De São Paulo, trouxe Marcial pançuda mala de dinheiro. E cuidadosamente, como é do seu feitio e jeito, foi levar o trazido a José Eduardo. Missão cumprida, dinheiro posto na mesa do dono, ia Marcial saindo quando Macedo pediu que esperasse. E metendo a mão na mala passou para o bolso de Marcial uma pequena fortuna: cinco contos de réis! Embrulhado nesse lençol de notas, o moço de Icó não só renovou o guarda-roupa como foi mergulhar o fígado em águas de Caxambu. E era tanto dinheiro que ainda deu para abrir uma conta na Caixa Econômica. E durante largos meses, com os saldos da generosidade de Macedo Soares, traçou Marcial Dias Pequeno os maiores almoços e jantares da praça. Como um lorde de 1,80 de altura. Montado em filé *mignon*.

A BÍBLIA DE DUTRA

Outra de suas permanentes admirações: Dutra. Admira Dutra não por ter sido ministro do Trabalho de Dutra. Mas pelo que o eminente brasileiro fez por esta nação. Governando o país em tempo de paixão, após a queda de Vargas, soube com equilíbrio e raro espírito público proporcionar um largo período de compreensão entre os brasileiros. E tudo isso dentro da lei e da Constituição, porque Dutra fez da Constituição o seu livro sagrado. Fora dessa bíblia, não navegava o barco de Eurico Gaspar Dutra. Para o discreto matogrossense, qualquer arranhão no livro das leis representava um retrocesso em nosso caminhar democrático. E Marcial cita um exemplo. Certa feita, o Grão-Pará entrou em grave crise política, com ameaça de deposição de seu governador. Silenciosamente, reuniu Dutra o Gabinete e determinou que os ministros militares ficassem encarregados de fazer a Constituição respeitada no Pará. E arrematou naquele seu jeito simples:

— Se tal não acontecer, não precisam voltar ao Catete, pois não serei mais o presidente da República.

Assim falou Dutra. Sem toques dramáticos, sem ares de salvador das liberdades públicas. Que para o bom brasileiro Gaspar Dutra estar dentro da Constituição era um mero ato de rotina democrática. Simples e sem mistério. Como dizer bom dia. Ou tomar um táxi.

MARCIAL FORA DA MODA

Tem a mania, hoje quase esquecida, da poupança dos dinheiros públicos. Quando da criação do atual Ministério da Indústria e do Comércio, colocaram à disposição de Marcial Dias Pequeno 50 milhões de cruzeiros antigos para que organizasse a nova pasta. Sabem quanto Marcial gastou nesse trabalho de organização? Nada. Nem um vintém. Devolveu ao governo o que recebeu do governo. Com tristeza de não ter colocado em banco a grossa quantia para que voltasse aos cofres públicos acrescida de juros. Outra de Marcial: à frente do Instituto de Resseguros do Brasil, que tinha dinheiro a dar com pau, Marcial, com uma penada só, aboliu certa vantagem de um por cento atribuída ao presidente da instituição. Dava pontapé num verdadeiro samburá de ouro. Para sair de bolsos vazios. Mas com 1,80 de altura.

RUI BARBOSA DE CORREDOR

Tem vivido entre o jornal e a repartição, entre sueltos e o *Diário Oficial*. Como é organizado, homem de métodos e de ordem, nunca deixou que o jornalista interferisse em sua vida de servidor do Estado nem que o servidor do Estado metesse o bedelho em seu jornal. Cada Marcial na sua hora. Vez por outra o jornalista brincava com o funcionário. Certa manhã, seguiu Marcial Dias Pequeno para seu despacho com o presidente da República. Levava dois andares de processos, todos cuidadosamente esmiuçados e desempenados. Quando desceu no Catete, arrastando aquela monumental papelada, um amigo quis saber que coisa era essa tão espantosa e grande:

— É a reforma do Brasil?

E Marcial, pingando seu bom humor em tão alentado expediente:

— Não diga nada a ninguém, não espalhe. São as obras completas de Balzac. Dezoito volumes, seu doutor!

Mas a sua melhor história, a sua obra-prima em assuntos burocráticos, é aquela que Marcial sempre conta do contínuo do Ministério do Trabalho que saudava todos os ministros por ocasião da posse. Era um Rui Barbosa de corredor, muito falante e discursante. E invariavelmente terminava sua saudação com essa frase de gênio:

— Melhor do que V. Ex.ª só o sucessor de V. Ex.ª.

Grande, sincero e imortal contínuo!

A VOLTA DO MENINO DE ENGENHO

E ao atravessar a fronteira dos 35 anos de Marcial público, pediu baixa. Foi ser Marcial particular, sem despachos e sem horários. Foi para casa ler seus livros, chulear suas memórias. Os amigos, quando viram o Dr. Marcial Dias Pequeno oficialmente vagabundo por imposição do *Diário Oficial*, pensaram que o dínamo fosse ratear e murchar. Engano. Mês e meio depois, na Rua do Ouvidor, um desses profetas mal informados deu com Marcial mais feliz do que passarinho. E Marcial, com a mão no ombro dele:

— Doutor, não há nada melhor do que não fazer nada. Só agora, depois de 35 anos, é que compreendo os vagabundos.

Riu e foi dar duro na ABI, onde é alta patente, companheiro de Danton Jobim em levar o andor sem quebrar os santos. Dos papéis oficiais, do seu título de doutor e de sua patente de ministro, Marcial até que já esqueceu. Do que não esqueceu nem vai esquecer nunca é de uma certa música de oficinas que seus ouvidos cearenses escutam há muitos e longos anos. Uma ocasião, a título de férias, viajou Marcial para uma cidadezinha do sertão. E não descansou enquanto não descobriu uma gazetinha municipal qualquer para escrever coisas. As lindas coisas que esse menino de engenho vem escrevendo há 35 anos do alto dos seus dois metros de talento e ternura.

O BOM GIGANTE

Mário Andreazza

Olhos verdes, cem quilos, quase dois metros de altura e 500 quilômetros bem medidos de simpatia. Tudo isso é Mário David Andreazza. Um dos Cavaleiros da Távola Redonda de Seu Artur.

OS IMPORTANTES E OS SIMPLES

Não nasceu para ser importante. Mesmo se fosse ministro do mundo, com poderes sobre terras e céus, com foguetes espaciais à disposição do seu dedo, seria o mesmo Andreazza. Sem uma vírgula a mais, sem um ipsilone a menos. Não há cargo ou honraria que abale sua cabeça grisalha e equilibrada. O que é espantoso numa terra em que o sujeito que pega um biscate público, uma subchefia qualquer de uma subdiretoria qualquer, o menos que faz é mudar de bairro e cortar relações com os velhos amigos. Conta David Nasser, que tão bem sabe contar, ter conhecido em Jaú o barnabé mais original do Brasil: toda vez que era promovido, não podendo mudar nada na eternidade de sua repartição, mudava o corte de cabelo. Chegava na barbearia e dizia:

— Mete lá um busca-ré na minha ilustre pessoa.

Não precisava dizer mais nada. A promoção estava na cabeça. O resto vinha no *Diário Municipal*.

NÃO ESPICHOU NEM ENCURTOU

Desse susto, de Andreazza deixar de ser Andreazza, seus admiradores e amigos não vão morrer. A sua simplicidade não é interina. Tem meio século de exercício. Não há muito tempo, numa de suas *tournées* municipais pela Rua do Ouvidor, viu quando um velho amigo saiu da alça de mira de sua rota. Com passadas de quase um metro, o andarilho Andreazza atravessou a rua e ancorou bem junto do ouvido do outro. Que negócio era esse de mudar de rumo assim sem mais nem menos? O amigo de Andreazza encalistrou. Não queria passar por chato, agora que Andreazza era ministro dos Transportes, rodeado de problemas por todos os lados. Andreazza abriu os braços. Que ministro, que nada! E botando a mão no ombro do amigo, mandou que desse uma vista de olhos nele:

— Veja que não modifiquei. Nem espichei nem encurtei.

O amigo riu. Andreazza também. E tudo acabou em galinha ensopada. Com vinho do Rio Grande do Sul a bombordo.

CORONEL VAI A ALMIRANTE

Encontro com Andreazza na rua. E é na rua que vou falando com as suas passadas de quase um metro. Quando pode, e mesmo quando não pode, larga seus engenheiros e seus processos para dar uma esticada pelo asfalto, onde fica à vontade, outra vez livre, outra vez gente de carne e osso, no meio do povo, informante sempre generoso e fiel. Andreazza fala com um, fala com outro. Na Rua São José, um amigo que passava ligeiro diz também ligeiro:

— Seu Vasco, hein? Entrou pela tubulação...

Andreazza quer responder, mas o amigo já está fora de tiro. Velejava para os lados do Foro, por entre cabeças que iam e vinham. Andreazza torce pelo Vasco. Torce de verdade. Intimamente, já quis passar no moinho de moer carne muito juiz. Quando o Vasco vence o Flamengo, Andreazza faz feriado nacional. Deixa de ser coronel para ser almirante. Mário Vasco da Gama Andreazza. O almirante das caravelas.

ARMANDO MARQUES DE CARREGAÇÃO

E sobre futebol, que é a paixão de quase todo o Brasil, o ministro Andreazza gosta de recordar aquele caso de certo juiz que foi apitar uma partida em terra de garrucha e onça. Chegou com ares de Armando Marques e hospedou sua pessoa no mais bem-apanhado hotel da cidade. Avisou que com o apito dele a partida tinha que correr dentro da melhor educação e dos regulamentos. E estava o juiz botando sua banca, dizendo que fazia e acontecia, quando apareceu o delegado da comarca, de papel e lápis em punho. E intimativo:

— Nome e endereço de vossa senhoria, por causa que o distinto pode marcar uma penalidade de mau-caráter e a gente precisa saber para que lugar deve remeter o cadáver morto de sua pessoa.

Não foi preciso dizer mais nada. O juiz entrou por uma porta e saiu por outra. Para nunca mais.

MAIS ESTÁTUAS PARA MAUÁ

Trabalha como um dínamo. Sabe que o Brasil, para andar ligeiro e acertar os ponteiros com a hora do mundo, precisa correr em estradas novas. A admiração do ministro, por isso mesmo, vai toda para os brasileiros que ajudaram o país a crescer. Os pioneiros. Mauá, por exemplo. Andreazza para e diz apontando na direção do Largo da Carioca:

— Em cada cidade do Brasil deveria haver uma estátua de Mauá.

Uma figura admirável. Diz o ministro não haver problema nacional que sua visão lúcida e brasileira não tenha tentado resolver. Foi, sem dúvida, o Caxias da nossa unidade econômica. E ao falir, perdeu o Brasil mais do que Mauá. Perdeu um desses construtores de nações que só raramente aparecem. Foi realmente a vitória das galinhas sobre a águia.

PEDRO, O ANDARILHO

Outra figura do bem-querer de Andreazza: Pedro I. O ministro passa a mão no queixo e diz de modo curioso:

— Não há lugar que a gente pise por esse Brasil afora que lá não tenha passado o filho de D. João VI!

Andou pelo Brasil inteiro. Mais do que isso: amou o Brasil inteiro com seu melhor amor português. Regado a viola e a lundu.

QUEM FALA E QUEM NÃO FALA

Pergunto de repente, meio sobre o maroto:
— E a presidência da República, ministro?

Andreazza não cassa meu mandato nem faz ponto final na entrevista. Calmamente, como é do jeito dele, explica que faz parte de uma equipe disciplinada e unida em torno do Marechal Costa e Silva. Só o Marechal Costa e Silva pode falar de sucessão presidencial. E sobre política foi só.

QUANDO A PACIÊNCIA É UMA ARTE

E como conversa puxa conversa, Andreazza, a meu pedido, traça o perfil do presidente da República apenas com duas palavras: paciência e simplicidade. A paciência de Costa e Silva é à prova de vento e chuva. Inabalável como as coisas mais inabaláveis desta nação. Nele, a paciência não é apenas uma qualidade. É também uma arte. Costa e Silva é assim um mestre do "saber esperar". E como sabe esperar, sabe querer. A verdade é que os moinhos do marechal moem devagar, porque moem com paciência. Mas moem bem. Como os moinhos de Deus.

A VIDA EM NÚMEROS

Agora, à frente de um mundo de trabalho, Andreazza quase não tem tempo para ler coisas amenas, que são o sal da vida. Passa horas às voltas com relatórios, em corpo a corpo com a realidade brasileira. Uma realidade fascinante como o futuro.

Mesmo assim, não perde as "Chuteiras Imortais" de Nelson Rodrigues nem os artigos de David Nasser, seu espadachim predileto, brilhante como um conto oriental. Elogia também Antônio Olinto, que lê sempre com renovado encanto. No mais, fora seus passeios a pé e conversas com amigos, Andreazza é todo do seu ofício de ministro, que leva a sério, de acordar com os passarinhos e só dormir quase no canto do galo. Seu gabinete na Praça Quinze está às ordens de todo mundo. Recebe uns e outros, conversa com uns e outros. Principalmente discute com seus engenheiros, criaturas práticas e matemáticas. É a vida vista de cima de uma pilha de números. Que também tem a sua beleza.

O BOM GIGANTE

E assim faço ponto final em Mário David Andreazza. Meio século de gaúcho, cem quilos de judô e uma simpatia maior do que a sua ponte entre Rio e Niterói. Bom gigante. Tranquilo Cavaleiro da Távola Redonda de Seu Artur.

Os pés da eternidade

Nílton Santos

Agora, nesta primavera de 1967, é um honrado e distinto vendedor de remédios. Não lida mais com pontas-direitas, com pontas de lança, com Pelés e Tostões. Lida com aspirinas, com penicilinas, com pomadas que recauchutam caras e injeções que espicham a vida. Assim vive Nílton Santos. A glória ficou dependurada na parede. Como as suas chuteiras. Sossegada e imortal.

NÍLTON, UTILIDADE PÚBLICA

Encontro Nílton Santos, tranquilo cidadão deste país, entre caixas de óleo de fígado de bacalhau e frascos de sal de frutas, no seu atulhado escritório comercial da Rua Voluntários da Pátria. Às voltas com remessas de medicamentos e cercado por simpáticos representantes de laboratórios. Um é Flamengo, outro, Fluminense, e outro, mais vidrado pelo América do que Marques Rebelo. Mas no escritório da Rua Voluntários da Pátria todos são Nílton Santos, que Nílton Santos é instituição nacional. Utilidade pública. Como o bondinho do Corcovado ou o Largo do Boticário.

O MOCINHO DA FITA

Falo com Nílton Santos e Nílton Santos abre a primeira página de sua antologia para tirar de lá, pernas tortas, simpático feito um passarinho, o bom Mané Garrincha. É que Garrincha continua sendo para Nílton Santos o mocinho de suas fitas. Prefere falar de Mané a falar de Nílton Santos. Confessa em feitio modesto:

— Fui nada. Mané é que dava sabor ao nosso pirão.

Sabe pilhas de acontecidos de Mané, anedotas de Mané, brincadeiras de Mané. Garrincha colocava apelidos que ficavam grudados como esparadrapo nas carteiras de identidade dos amigos e adversários. Principalmente dos amigos. Repito: Manuel Francisco dos Santos, seu compadre Garrincha, vai ficar a vida inteira personagem do seu melhor afeto, do seu melhor bem-querer. É com mão carinhosa que Nílton alisa a glória de Mané:

— Como o compadre, com o jogo do compadre, não vai haver outro igual. Fizeram Garrincha e quebraram o molde.

E no escritório de Nílton Santos, por entre vidros de xaropes e vinhos reconstituintes, vai subindo a figura de Mané dos Santos Garrincha, uma perna pra lá, outra pra cá, mal-ajambrado, fora de prumo como a Torre de Pisa. Suas chuteiras contaram, durante anos, as mais engraçadas anedotas dos estádios deste mundo. Bom Mané, ingênuo, puro. Um passarinho.

UM DEUS EM PARIS

E lá vem Garrincha de novo puxado pelas lembranças de Nílton Santos. Uma tarde, em Paris, num jogo contra o Racing, Mané não pôde abrir o seu inesgotável manual de mágicas diante de um certo marcador careca, em dia de graça plena e total. O careca conseguiu parar aquele deus moreno que tão bem conhecia as intimidades da bola. E parar o Sr. Manuel Francisco dos Santos valia ruidosas manchetes nos jornais. Na Zona da Mata, em nação mineira, numa partida do Botafogo, um negão, tão alto de dar neve em sua cabeça, também fez Garrincha ser menos Garrincha. Por isso, pelo simples fato de diminuir o gás de Mané, não só o crioulo foi homenageado pelo comércio e autoridades da comarca, como teve aumento de vencimentos na repartição municipal. Com o careca do Racing aconteceu o mesmo. Quase abiscoitou a Legião de Honra. Em fundo musical da Marselhesa e com De Gaulle de corpo presente.

ANEDOTA FRANCESA

E continua Nílton Santos:
— Mas não há nada como um dia depois do outro.

E o dia do careca chegou. O Botafogo, tempos depois, voltava a Paris para jogar contra o mesmo Racing e contra o mesmo careca. Zezé Moreira, preparador botafoguense, chamou Garrincha a um canto e despejou no funil do ouvido dele cuidados especiais. Chamou a atenção de Mané para o tal careca que tinha feito cartaz de bonzão de bola nas costas dele. Garrincha não lembrava de nada, nem de Paris nem do careca. Mas prometeu dar um jeito no sem-cabelo. Falou naquele seu modo meio entre a terra e as nuvens:

— É um que tem cara de panela de pressão? Deixa o cabeleira por minha conta, Seu Zezé.

Chamar um careca de cabeleira era para rir. E Zezé riu. Pois saibam, senhores e senhoras, que o pobre homem do Racing levou o maior banho de bola já assistido pela França em dois mil anos de existência. Foi um banho completo e acabado, com sabonete e água morna, de fazer a Torre Eiffel virar sucata. O gênio de Garrincha mostrou todos os seus babados. Fintas secas, molhadas, longas e curtas. Língua de fora, babando em formato de fio de macarrão, amarrotado e desbotado, o homenzinho andava de pernas em arco, por onde Garrincha fazia passar as bolas mais brincalhonas do seu repertório brasileiro. Mané fazia tudo isso sem maldade, que maldade em seu coração nunca pousou. Para o homenzinho do Racing ser palhaço de circo de cavalinhos só faltava o colarinho largo. Careca ele já tinha de sobra. Brilhosa e suada.

MANÉ, UMA OBRA-PRIMA

O compadre Mané Garrincha! Se Nílton Santos fosse um Armando Nogueira, cronista de lindo e doce escrever, botaria em letra de forma a sedutora e terna história de Manuel Francisco dos Santos, que fez em vento o que Aleijadinho fez em pedra-sabão. Obras-primas.

UM CERTO ZIZINHO

E Nílton Santos tira de sua sacola de guardados outro retrato de corpo inteiro, o de um certo e famoso Tomás Soares da Silva, hoje fiscal de rendas, mas que já foi Zizinho. As chuteiras de Nílton e as de Seu Tomás sempre falaram a mesma língua.

Uma ocasião, Nílton quis levar esse mestre de bola para o seu querido e muito amado Botafogo. Vejam que instante maravilhoso ia viver o futebol brasileiro: Zizinho e Garrincha de Cosme e Damião, um ao lado do outro, fazendo da bola uma gentil moça de recados! Pois saibam que essa ala de contos de fadas só não tomou corpo e alma por causa de um simpático cachorro, um determinado Biriba, que funcionava como mascote do Botafogo. Na hora do contrato, um diretor, desses que ficam de cadeira de vime vendo a banda passar, recordou que Zizinho, num jogo distante e muito desaparecido, havia dado um pontapé, que não pegou, nas partes assentativas do Biriba. E só por isso, por um velho chute no ar, o Brasil perdeu a oportunidade de ver, lado a lado, na mesma hora e no mesmo quadro, Zizinho e Garrincha. A obra-prima perdida.

O BOM GIGANTE

Agora uma admiração civil, sem calção e sem chuteiras: Carlito Rocha. Maior do que um poste do Aterro do Flamengo, supersticioso mais que um índio. Certo dia, na véspera de uma partida do Botafogo, Carlito tomou um táxi. Chovia que Deus dava. Carlito entrou por uma porta e saiu por outra. E sabem por quê? Simplesmente porque o motorista deu marcha a ré. E dar marcha a ré, andar de caranguejo na boca de espera de um jogo do Botafogo, era pior do que vestir terno marrom. Autêntico azar de rebite, desses de muchar pé de coelho. Pois foi diante dos dois metros desse Carlito Rocha que Nílton veio parar. E vejam como são as coisas da vida! Nílton não apareceu no Botafogo por conta própria. Foi levado pela mão militar do Major Honório, hoje ilustre brigadeiro, torcedor doente do América. Foi uma oferta de bandeja. Carlito, que conhece jogador pelo modo de botar a gravata, gostou do jeitão elegante de Nílton, do seu modo bem-apanhado de trabalhar a bola. E, espalmando a mãozona no vento, profetizou:

— Rapaz, você vai ser campeão até na Lua...

O moço alto da Ilha do Governador sorriu. Carlito também. Ficaram amigos. No futebol e na vida. Para sempre.

A BOLA E O PÁSSARO

Nílton Santos, mais viajado do que um Boeing, viu céus em francês e inglês, em alemão e italiano. E até em russo. Atravessou o mar tenebroso do Atlântico nada menos do que 28 vezes. Nesse seu constante viajar pegou sustos graúdos e miúdos. Teve glórias curtas e longas. Fama em alto-relevo, duas vezes campeão do mundo, fora campeonatos federais e municipais. Para Nílton Santos, moço nascido e criado na Ilha do Governador, entre a praia e o céu, essa invenção redonda que é bola jamais pode ser encarada apenas como uma bola. É mais do que isso. É uma coisa viva, que tem manias, predileções, rompantes, momentos de bom humor e de cara feia. Nílton Santos, quando dava um chute errado, desses de arranhar o couro, corria para pedir perdão à bola:

— Desculpe o mau jeito, menina. Foi sem querer.

A bola em seus pés era cativa dele, escrava do seu inigualável talento. Andava de curva, corria de lado, voava de passarinho. Ou então, toda enfeitada, esnobava pelas passarelas dos estádios do mundo na ponta de suas chuteiras. Nílton Santos pertence a essa linhagem rara dos deuses, sujeitos deslumbrantes, que tratam a bola por você, íntimos dela e de todos os seus segredos.

Têm esses gênios vários nomes: Domingos da Guia, Zizinho, Pelé, Garrincha, Didi, Gérson etc. Mágicos. Inventam. A bola é para eles ave, busca-pé e relâmpago. Certa noite, numa velha partida, Zizinho deu um chute esvoaçante. Um pobre pássaro branco, assustado pela luz dos refletores, voou junto da bola. Muitos imaginaram que a bola de Zizinho tivesse pegado asas. E virado anjo.

OS PÉS DA ETERNIDADE

Podia continuar, de calção e de camisa botafoguense, por mais dois ou três anos. Não quis. Por falta de músculos, por déficit de futebol? Não. Por vaidade. Só por vaidade é que Nílton descalçou seus instrumentos de fama. Confessa.

— Achei que tinha chegado ao fim da linha. Que era tempo de voltar para casa.

Foi um arremate de ouro. Com o artista em plena glória, amado e admirado por todo um país. Quando Nílton Santos, certa tarde, apresentou, pela última vez, suas chuteiras em público, todo mundo sentiu, um estádio inteiro, que elas já estavam esculpidas em bronze. Eram estátuas dos seus pés imortais.

Assim no Céu como na Terra
Oscarito

Por fora é Oscarito. Por dentro é Dom Oscar Lourenço Jacinto da Imaculada Conceição Teresa Dias, excelente chefe de família, temente a Deus e ao imposto de renda. Certa ocasião, num beberete de amigos, um rapaz dourado, *viking* de apartamento de quarto e sala, mostrando a boca por entre as brenhas do cabelo, quis saber quem era aquela tristeza que chupava refrigerante por um canudinho de palha. Foi logo esclarecido:

— É Oscarito! No civil e no militar.

Informação errada. Quem estava na festa, encalhado em canto de sofá, embrulhado no capotão da timidez, não era Oscarito, o cômico. Era Dom Oscar Lourenço Jacinto da Imaculada Conceição Teresa Dias. Uma tristeza cercada de laranjada por todos os lados.

ANEDOTA EMPALHADA

Não sabe ser engraçado em particular. Seu talento, que é grande, requer público, plateias. Então, perde a timidez, inventa. Oscarito é capaz de fazer rir uma coruja. Em sala e saleta, em festinhas de ocasião, é desengraçado. Diz que em tais circunstâncias a anedota mais de papagaio, cheia de prêmios do bico à cabeça, perde o guizo em sua boca. Vira papagaio empalhado.

O MENINO E O CIRCO

Por acaso nasceu na Espanha, em lançamento da temporada malaguenha de 1906. Quase nasceu num circo de cavalinhos. Seu pai, alemão, era trapezista. A mãe, portuguesa, trapezista era. Família constituída em vários idiomas: tios franceses, ingleses, espanhóis e italianos. Com tanta gente assim de circo e trapézio, que desejariam que Oscarito fosse? Doutor em leis, doutor em medicina, negociante de secos e molhados? Não. Trapezista, é claro. E trapezista foi. Durante vários anos seu mundo foi lá em cima, no céu do circo. Às vezes, por entre os rasgões da lona, as estrelas vinham espiar, assustadas, as reviravoltas que Oscarito dava. E tremiam, como as estrelas sabem tremer, só de pensar que o moço pudesse pular diretamente do trapézio para Deus. O número mais espetacular do mundo. Primeiro e último. E nunca mais.

PÔNCIO PILATOS DE SEMANA SANTA

Hoje, com as botas no chão, bem equilibrado na vida, Oscarito fala com doçura desse tempo de ciganagem. Vivia pulando de terra em terra. Descobriu o Brasil aos dois anos de idade. Veio embrulhado em lonas de circo e montado em lombo de circo percorreu todo o Brasil. Oscarito conhece a geografia brasileira de ouvido e de vista, do varejo das vilas ao atacado das grandes cidades. Foi tudo no circo, desde moço de trapézio a Pôncio Pilatos de Semana Santa. Fez coisas de palhaço e funcionou de mocinho nos dramas antigos, defendendo a casta menina do conde *art nouveau*, esfrangalhador de reputações e donzelices. Comenta Oscarito em modo saudoso:

— Naquele tempo o dramalhão é que tinha saída.

As plateias brasileiras choravam de repuxo de praça pública diante das peripécias do *Amor de perdição*, *Rosa do adro* e *Dois proscritos*. Os lenços saíam molhados. Eram peças de fazer arfar o peito. O patriota chorava de cadeira. E quanto mais chorava, mais pagava.

SUCESSO A CAVALO

Oscarito alisa a cabeça de bem cuidados cabelos como para mexer na memória. Veio para o Rio num tempo em que o Rio era cordial como ele só. Uma aldeona que bebia chope e tomava café em mesas servidas por cadeiras austríacas. A mania de teatro era geral, como sarampo. Dava em todo mundo. As casas de espetáculos viviam cheias. Em dia de estreia, a Polícia Militar, devidamente montada, vinha para a porta dos teatros, na Praça Tiradentes ou na Praça da Bandeira, a fim de conter o bolão de gente que forçava os guichês. Peça sem polícia na ponta dos cascos não era levada em consideração. É com certo orgulho que Oscarito diz:

— Certa ocasião também mandei chamar a Polícia Militar. Não fazia por menos.

Artista que não mobilizasse pelo menos meia dúzia de cavalarianos podia ser considerado sem cartaz. Era cobra sem veneno. Mambembe.

RISO COM 43 ANOS

No inverno passado emplacou 43 anos de palco e riso. E, como certas locomotivas antigas, Oscarito parou para beber água. É bem verdade que parou a pedido. Seu genro e sua filha, a talentosa Míriam, fizeram, com o apoio dos netos, um requerimento pedindo que Oscarito deixasse de ser Oscarito e voltasse a ser simplesmente "el señor Dom Oscar Lourenço Jacinto da Imaculada Conceição Teresa Dias". Oscarito concordou em arquivar Oscarito por algum tempo. Mas não pelo tempo todo. E arrematou essa conversa de família assim:

— Muito bem! Vou parar por meio ano. Depois a gente conversa.

Em verdade, o meio ano estipulado passou, outro meio ano botou a cabeça de fora e Oscarito, para encanto dos lindíssimos olhos azuis de Dona Margot, sua esposa, sem conversar sobre Oscarito ou falar dos planos de Oscarito. Livre de Oscarito, de sua grande e risonha arte, os 61 anos de Dom Jacinto começaram a florir. Como um pé de manacá abençoado.

PAÍS DO AZUL

Agora, cuida de rosas e de bananeiras, mais de rosas do que de bananeiras. Tem um filhote de fazenda em terras fluminenses de Ibicuí. Conhecem Ibicuí? Quando Deus fez o mundo mandou que os anjos pintassem o céu. Trabalho feito, sobrou um boião de azul, do mais belo azul já existido. Um dos querubins pintores, para não transportar tanto peso em suas asas feitas de retalhos de nuvens, ao passar por Ibicuí derramou em seu céu toda a tinta do boião. Foi um exagero de azul! Por baixo desse céu é que Oscarito montou seu arraial, de águas e pássaros cantantes. E de flores. Era sítio de fim de semana. Agora é de semana inteira. Lá Oscarito é amigo do rei, faz o que muito bem quer. Discute hortas e jardins como um lavrador velho. Sabe as manhas do tempo pelo voo e pio das aves. Recentemente, tomou uma grave providência. Comprou uma espingarda para proteger os passarinhos das flibusteiragens dos gaviões do céu do seu jardim. Não, não matou nenhum, que Dom Jacinto, dos Jacintos da Imaculada Conceição Teresa Dias, não é de mortes. Mas foram avisados, por edital, que não devem arranhar nem de leve o céu caiado de Dom Jacinto. De cano vigilante lá estará a sua aterradora espingarda. Municiada com grãos de milho.

OSCARITO EM FUMAÇA

Nunca bebeu, a não ser água da bica. E só começou a fumar em idade provecta, aos 45 anos. Muito meticuloso, sempre pronto a fazer tudo na maior perfeição, participou de uma peça em que a figura central era um velho fumante. E Oscarito fumou tanto no palco que acabou por gostar. A peça deixou o vício de lembrança. E feliz por ser apenas fumador de cigarros:

— Já imaginou se o texto pedisse charutos...

Não pedia. Pedia talento e fumaça.

SEJA MENOS DUTRA!

Houve uma peça em que Oscarito fazia papel de Dutra, o sóbrio e correto Eurico Gaspar Dutra. Durante semanas, estudou o seu jeitão de falar e andar. E foi tão Dutra, tão pessedista, que uma noite, antes do espetáculo, recebeu o apelo mais original do mundo. O apelo vinha de um senhor da censura, muito amável e muito conversável. O diligente funcionário queria que Oscarito não fosse tanto Dutra assim. E como último recurso:

— Pelo menos não apareça de terno branco...

Oscarito riu. Mas não mandou embora o terno branco.

ADMIRAÇÕES EM TOM MAIOR

Faz desfilar suas admirações:

— Procópio Ferreira, Agildo Ribeiro e Ronald Golias.

Mas há dois que têm cadeira numerada em seu experimentado gostar: Chico Anysio e o velho palhaço Chicharrão. Chico, pelos tipos que criou e pelas vozes que empresta a essas criações. E Chicharrão, pelo bem que fez a todos nós. Um riso grandão como o Brasil. A gargalhada em colarinho largo e sapatos de ponta virada.

ASSIM NO CÉU COMO NA TERRA

Vive entre Oscarito e Dom Jacinto. Oscarito foi palhaço de circo, general, Getúlio Vargas, Gilda, milionário e vagabundo. Dom Jacinto foi sempre Dom Jacinto, imutável, ordeiro, o bom-senso em saltos de borracha. Proprietário de casas, admirador da finança, homem de renda. Oscarito, ao contrário, é amigo de cachorros sem dono, da noite e das estrelas. Quando Oscarito adquiriu o filhote de fazenda de Ibicuí, quis transformar esse pedaço de chão em um buquê de flores. Jacinto, mais prático, plantou couves, deu raízes de verdura à sua horta. Oscarito comprou as poesias completas de Casimiro de Abreu. O bom-senso de Jacinto adquiriu o *Manual do perfeito agricultor*. Oscarito gosta de olhar o céu dos passarinhos de Ibicuí. Jacinto gosta de olhar o chão das formigas de Ibicuí. Se Oscarito planta rosas, Jacinto planta repolho. E afinal de contas, segundo o Evangelho visto por Dom Jacinto, o repolho não é nada mais nada menos do que uma rosa que engordou e ficou verde de raiva...

A VIDA NUMA FRASE
Paulo Autran

Vive da voz e dos gestos. Não é bonito nem feio, não é gordo nem magro, não é alto nem baixo. É Paulo Autran. E ser Paulo Autran é ser coisa que não acaba mais. É ser glória nacional. À prova do tempo e das modas. Enfim, glória permanente e não de ocasião.

UM DOUTOR EM CENA

Antigamente, lia o *Diário da Justiça* e os acórdãos do Supremo Tribunal Federal. Hoje, lê Molière e Sófocles. Antigamente, era advogado, um jovem e promissor causídico da comarca de São Paulo. Hoje, é ator, um digno e realizado homem de teatro, famoso e bem querido em todas as comarcas do Brasil. Certa vez, nos dias em que ensaiava para Sobral Pinto, um juiz de paz, ouvindo o Dr. Autran em ardente defesa de um constituinte, deixou cair por entre os papéis de sua justiça este ponto de exclamação:

— Papo de anjo!

O Dr. Paulo Autran levava muito jeito para o ofício de advogado. Era veemente e falava lindo. E falar lindo no Brasil daquele tempo, e de todos os tempos, era meio caminho para o estrelato e a fama. Com mais meia mão de tinta, o Dr. Autran viraria glória forense. De jaquetão e chapéu. Solene como um acórdão.

BRASIL ENGOMADO

Não, seria muito difícil acondicionar o inteligente Paulo Autran em muitas gravatas e muitos chapéus. Confessa:

— Um dos erros nacionais reside no vestir do homem brasileiro. Somos da gravata e paletó a quarenta graus. Um atentado à saúde pública. Felizmente, já temos progredido. O chapéu foi destronado. E os engomados também, desde o engomado do peito das camisas ao engomado dos colarinhos e punhos.

Paulo Autran diz, com um pouco de pimenta-do-reino, que é preciso desengomar esta nação, de cima a baixo. Não só as roupas como as almas. Desengomado, o Brasil será um grande país. Engomado, não sairá do fraque e da cartola. Por dentro e por fora.

ADMIRAÇÕES ASSASSINADAS

Tem muitas admirações. Uma antiga: Lincoln. A mais moderna: Kennedy. Paulo faz um ar de desânimo para dizer:

— Dou um azar danado com as minhas admirações. Ou são assassinadas ou deportadas e cassadas. A tiro de revólver ou a tiro de decreto.

Paulo Autran, que leva o Brasil a sério, vive intensamente seus problemas, sejam políticos ou econômicos. Não admite neutralidade. E acha que o Brasil pode melhorar. Não dá prazo para essa melhoria. Apenas adivinha, com a sua sensibilidade viajada, que ela virá. Sente que os ventos do futuro já estão chegando. Ou já chegaram.

PAULO QUE IA SER PEDRO

É Paulo Autran. Por um triz não foi Pedro Paulo Centenário. E diz por que não foi:

— Como nasci um século depois de Pedro proclamar a sua "Independência ou Morte", precisamente em 7 de setembro de 1922, houve, junto de meu berço, uma sugestão patriótica para que eu rebocasse pela vida toda o nome de Pedro Paulo Centenário. Escapei com vida da sugestão. Deixaram de lado o Pedro e mais o Centenário e fiquei Paulo. E Paulo sou e Paulo serei até que o meu registro seja cancelado deste mundo, o que espero acontecer muito longe.

Amém!

A VIDA NUMA FRASE

Como vive de frases, gosta de frases e coleciona frases. E a melhor que já leu, entre as muitas que conhece, esta é a preferida:

— Por delicadeza perdi a minha vida.

É de Rimbaud.

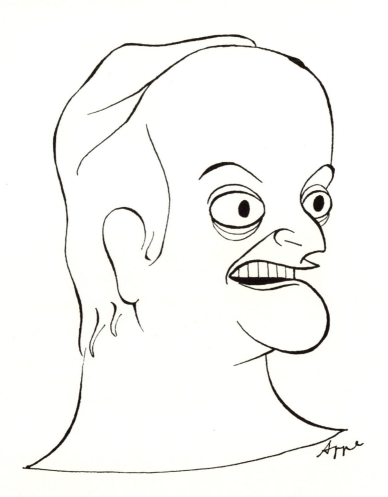

APRENDIZ DE ANJO

Gosta de ouvir e contar anedotas. E aproveita para passar a última do seu repertório, uma anedota meio sobre o humor negro. É de marca americana como o *chiclets*. É mais ou menos assim. Um simpático crioulo trabalhava no alto de um edifício de cento e tantos andares, tão alto de furar o céu privativo dos anjos. E lá estava o bom negão em seu ofício de pedreiro, equilibrado num andaime, quando um anjo de branquinhas inocências deu de meter na cabeça negra do outro coisas e loisas que só os querubins podem fazer: voar sem ser bicho de asa ou de motor. E tanto fez o anjo, tanto convenceu o pretão do andaime de que ele podia voar, desde que tivesse fé, que o pedreiro, encorajado, tentou largar uma das mãos e sair planando pelos céus de Nova York. Mas, nesse largar, sentindo o aprendiz de anjo que a coisa não dava pé, recuou. O querubim, que era tinhoso, voltou a dizer que ele era homem sem fé. E tantas caraminholas meteu na cabeça do crioulo que ele largou as mãos, fez um ipsilone no espaço, e se estatelou no asfalto, todo derramado, como um ovo. Lá de cima, esfregando as asas no maior contentamento, o anjo falou com a sua boquinha feita de pó de nuvem:

— Não suporto preto. É o quarto que meto a pique nesta semana.

E mergulhou no azul.

QUANDO O TEMPO PARA

A casa de Paulo Autran, num tranquilo e quase provinciano pedaço de Ipanema, está em desordem, como um antiquário em liquidação, em total desprezo pelas suas santidades —

anjinhos barrocos da Bahia vivem ao lado de pratos e de um telefone do tempo do cinema mudo. Marceneiros, a poder de sargentos, ajustam os móveis de Paulo Autran, lindas peças compradas ao acaso de suas navegações pelo Brasil. De Friburgo trouxe um jarro, de Barbacena uma escrivaninha. Trastes em penca, raridades de jacarandá, do bom jacarandá brasileiro testado pelos anos, cortado em tempos imemoriais, em lua propícia para não dar bicho ou empenar. Na parede, em ponto de ouro, um relógio em forma de oito marca as horas de Paulo Autran com a mesma indiferença com que contou as horas de outros donos, em outros invernos. Paulo explica este rebuliço:

— Vou mudar de casa. Vou morar no país do Arpoador, onde comprei apartamento. Estou fazendo uma revisão geral nos móveis.

Gosto da casa de Paulo Autran, do seu modo amigo e do seu jeitão antigo. Casa de morar como antigamente o brasileiro morava. Com lugar para mesas e cadeiras de balanço, onde o tempo custava a passar emaranhado nos trabalhos de crochê das vovós nacionais de antigos outroras.

CANELA E PIMENTA

Anos atrás não podia escolher seus textos. Agora, graças ao seu talento e bem plantada fama, Autran é dono do seu palco. Faz as peças que muito bem entende, na época que muito bem quer. E tem razão para isso. Os mais pobres textos, uma vez escovados pelo gogó de anjo de Paulo Autran, ganham cintilações de sol, como se fossem de Camões ou Shakespeare. Fora de Paulo Autran, perdem o pavio, não passando de simples letras redondas. Sem pimenta e sem canela.

ENTRE O CÉU E A TERRA

Nesses seus muitos anos de trabalho, de 1948 aos tempos de agora, Paulo Autran foi anarquista, intelectual americano, ladrão, rico industrial, ditador, general, presidente da República e um deus grego, que uma noite dormiu em certa casa. Neste inverno emplaca Autran o seu sexto êxito consecutivo, que começou com *Tiro e queda* e entra agora em *Édipo Rei*. Um recorde que dificilmente será batido. Se aplauso comprasse o céu, Autran seria dono de um quarteirão.

DE MOZART A CHICO

Gosta de música clássica e Mozart é dono de todo o seu gostar. Mas se gosta de Mozart, gosta também do brasileiro Chico Buarque de Hollanda. Autran fala francês, inglês, espanhol e italiano. E já viajou pelos países desses idiomas: Estados Unidos, Inglaterra, França, Itália, Uruguai e Argentina. Não acredita em assombrações nem para remédio. Seus atores preferidos: Walmor Chagas, Ziembinski, Jardel Filho e Leonardo Villar. Romancista do seu gosto: Graciliano Ramos. Dentro de pouco, Paulo Autran viverá mais um personagem: Getúlio Vargas. E de charuto.

O MENINO E O CIRCO

Quis ser doutor e foi. Quis ser deus e foi. E também rei. Só não realizou este sonho encalhado: ser artista de circo de cavalinhos. Isso ele não foi. E sempre que vê, nas suas andanças pelo Brasil, a lona de um pobre circo, Paulo Autran volta aos dias de menino. Diz:

— Lá em cima, andando no arame ou fazendo piruetas no trapézio, todas as moças do circo eram lindas. Princesas de contos de fada.

Um dia teve uma desilusão. Seus olhos de oito anos viram na rua, em Espírito Santo do Pinhal, uma dessas belezas de trapézio. O coração do menino quase parou. Era um bofe. E além de bofe, discutia com os merceeiros o preço das batatas. Nunca pensou que gente assim, habitante de arames e trapézios, comesse batatas. No mínimo, rosas ou violetas. Foi a sua primeira lição de realidade. A borboleta não passava de uma lagarta.

E O PANO CAI

E assim fica contada, em prosa ligeira, a história do Dr. Paulo Autran, com 45 anos de mundo e dezenove de palco. Que não é magro nem gordo, que não é feio nem bonito, que não é alto nem baixo. Às vezes rei, às vezes vagabundo. Mas sempre Paulo Autran. Pessoal e intransferível.

Uma flauta em azul

Pixinguinha

Da flauta tirou a fama e da avó o apelido. Mora em Ramos, que é um país independente, mas despacha seu expediente na mesa de um bar bem-comportado da Travessa do Ouvidor. Depois de beber quatorze anos nesse estabelecimento de líquidos, seus proprietários resolveram dar cadeira cativa, com discursos e placa, ao Sr. Alfredo da Rocha Viana Júnior, que traduzido em glória quer dizer Pixinguinha. Nasceu quando o século arrumava as malas para entregar o cargo: 1898. E no dia de São Jorge. Com dragão e com cavalo.

PIXINGUINHA EM AZUL

Um belo dia, estando Pixinguinha dilapidando o estoque do seu bar, apareceu lá um senhor baixo, de cara redonda e fala engraçada. Foi chegando e dizendo:

— Sou Di Cavalcanti e vou fazer o seu retrato.

E deu de rabiscar Pixinguinha num papel pardo. Obra acabada, prometeu um bom tutu de cem contos quando vendesse o retrato. O dinheiro nunca chegou porque também o retrato nunca foi vendido. Vive hoje, de tripa forra, no prego de honra da casa de Di Cavalcanti. É um Pixinguinha admirável, de flauta, em azul. Um azul que parece roubado do céu. Um azul de olho de anjo.

A LUA TEM OUTRO DONO

Falo com Pixinguinha ao lado de João da Baiana. É uma figura para quadro a óleo esse João de cravo vermelho e gravata Chevalier. É um dos três últimos granadeiros do que resta da famosa e sempre lembrada Velha Guarda: Pixinguinha, Donga e ele. Como João não acredita em enfarte, manda descer a sua dose de uísque. Da garrafa do garçom escorre, em cambalhotas, o bom e louro escocês. O rosto picado de Pixinguinha fica mais alegre diante desse abrir e fechar de garrafas. Agora, depois do enfarte, é um bebedor aposentado. É o Comendador Alfredo da Rocha Viana Júnior, que não bebe nem faz serenatas. A lua não é mais dele.

PIXINGUINHA EM ÁGUA TÔNICA

E conta a história do seu enfarte. Coça a cabeça para lembrar:
— Bicho danado esse tal de enfarte...
O enfarte, como um touro em fúria, partiu para cima de Pixinguinha com vontade de desmantelar seus 69 anos de carioca de Catumbi. Mas não é por acaso ou por decreto publicado no *Diário Oficial* que o sujeito nasce Pixinguinha. Com um leve gingado, desses gingados que o menino Alfredo aprendeu nas brigas de capoeira na Lapa e no Estácio, tirou o corpo fora e deixou o enfarte passar. E enfarte passado, voltou

à sua cadeira cativa da Travessa do Ouvidor. Voltou em termos de lei seca. Em compensação, faz agora um curso de águas minerais e suas virtudes. Enquanto o bom João da Baiana firma jurisprudência no copo de uísque, Pixinguinha mama a sua tônica com limão. Medicinalmente, melancolicamente.

O ENFARTE PELO AVESSO

Faz considerações sobre o enfarte:
— Engraçado! O enfarte, logo no princípio da receita, tira do sujeito todas as coisas boas da vida...

Nenhum enfarte vem para que o patriota deixe de dormir cedo ou deixe de tomar chá. Afirma Pixinguinha que devia haver uma doença agradável. Por exemplo: o enfarte ao contrário. O médico vinha, examinava, apalpava etc. e tal. Depois, com letra medicinal, escrevia em papel de receita: "Tomar, de duas em duas horas, cinco garrafas de cerveja, aumentando a dose de acordo com a sede do cliente." E Pixinguinha:
— Essa é a doença que pedi a Deus...

Boa invenção de Pixinguinha. Enfarte pelo avesso!

AVISO DE TRAVESSEIRO

Não, não houve nenhum caso fantástico em seus 69 anos de certidão de idade. Só uma vez, assim mesmo de raspão, o inexplicável roçou o bom Pixinguinha. E roçou assim: o Major Janjão Veríssimo, que dividia a sua patente entre o caniço e as armas, era seu *partenaire* em pescaria. Coisas do mar e dos peixes o major manjava mais do que um doutor ou um sábio.

E lá aos domingos, orgulhoso e pescativo, partia Pixinguinha, comboiado pelo bravo Major Veríssimo, para as bravatas de beira d'água. Dizia para Dona Albertina, senhora de sua casa e de seu coração:

— Hoje desfalco o mar! Pego até cação a bofetada.

Uma vez combinou pescaria feroz e forte com o Major Veríssimo. Chovesse ou fizesse sol, o trato estava de pé. De noite, sonhou que o major mandava avisar que não podia comparecer à pescaria por motivo de força maior. E, de fato, não compareceu. Nunca mais compareceu. Avisou e morreu.

DR. VALADARES DE FLAUTA

Em verdade, a morte não é a especialidade de Alfredo da Rocha Viana Júnior. Pixinguinha é todo da vida, que ele cultiva à sua maneira, sem querer botar a mão onde a mão não pode chegar. Houve tempo em que era incendiário, queria meter fogo na canjica para que ela apurasse mais depressa. Hoje, é do PSD, cauteloso, habilidoso, meio sobre a raposa. Quero saber o que pensa Pixinguinha da música dos cabeludos, do iê-iê-iê e da bossa-nova. O bom Alfredo tira sua carteira de pessedista e diz, ajudado por um gesto de mão:

— Deixa isso pra lá, doutor! Deixa a moçada brincar. Também já mandei as minhas brasas.

E mais não disse. Como também nada disse a respeito da guerra entre árabes e judeus. E mata a pergunta com esta paulada certeira e maliciosa:

— Não sei de nada! Moro longe, moro em Ramos. Da última guerra de que tive notícia foi a de 1914. Parece que a Alemanha perdeu. Parece. Não tenho certeza...

Não era mais Pixinguinha quem falava comigo. Era o Dr. Benedito Valadares. E de flauta.

CARNAVAL MORRE DE MADRUGADA

E fala do carnaval, que o carnaval sempre esteve muito ligado à sua bela música. Para Pixinguinha a grande festa do povo morreu em 1935. Informa até a hora desse falecimento: 5 da manhã. Nesse ano ainda havia o corso, com os saudosos carros de capota arriada, servindo de banco para as moças daquele tempo. Todo mundo jogava serpentina em todo mundo. Carnaval da morta e sepultada Galeria Cruzeiro, tão divertido, tão cheio de encantos mis! A velharia, de óculos na ponta do nariz, ficava na boca de espera para surpreender um vago meio palmo de perna que descesse dos bondes. E tinha samba para valer e choros do mesmo porte. O Rio de 1935 escancarava a boca cantando assim:

> *A vitória há de ser tua,*
> *Tua, tua,*
> *Moreninha prosa.*
> *Lá no céu a própria lua,*
> *Lua, lua,*
> *Não é mais formosa.*
> *Rainha da cabeça aos pés*
> *Morena, eu te dou grau dez!*

Coisas antigas, coisas de Lamartine Babo e Ari Barroso.

MARINHEIRO DE PRIMEIRO CÉU

Tem vários medos. Medo de cobra, de raio desgarrado, de corrida de ônibus e de avião. Sua primeira viagem aérea foi coisa de ficar em alto-relevo. No aeroporto, assustado como quê, falou para um amigo:

— Enquanto eles enchem o tanque do avião, eu encho a cara.

Bebeu vermute em copos e canecas. Embarcou já não dizendo coisa com coisa. Embarcou, uma ova! Foi içado. E mal o avião abriu as asas, já a bebedeira tinha passado. E Pixinguinha, que cuidou varar os muitos quilômetros entre o Rio e Belém do Pará afogado em vermute, logo na altura do Pão de Açúcar verificou que a bebida tinha perdido o veneno. Confessa:

— O meu plano era beber de gambá e deixar a vaca ir para o brejo.

O certo é que nem a vaca foi para o brejo nem Pixinguinha ficou de gambá.

NO FIM DA LINHA

Enfim, aos trancos e barrancos, chegou Pixinguinha ao fim da linha. E ao descer, já na rua, por um triz não é atropelado. E atropelado por um ciclista com alma de chofer de ônibus carioca. Vejam como são as coisas! Perder essa pechincha que era morrer em terra de anjo, entre nuvens e estrelas, bem acompanhado e bem chorado, para acabar quase amassado, como um bêbado de segunda ordem, embaixo de uma bicicleta municipal de Belém do Pará! Era humilhação demais para uma flauta tão importante.

UMA FLAUTA EM PARIS

Conheceu Paris numa época em que era lindo conhecer Paris. No tempo das melindrosas e do *charleston*. Mulheres com piteiras de meio metro. Conheceu Paris é uma maneira de dizer. Pixinguinha tocou para Paris. E no Scheherazade, que não era sopa não. Meio ano de gostoso convívio com a doce França. Meio ano de bons vinhos, de boa mesa e de bons papos. De repente, Paris acabou. Restou a amizade. Paris na Europa e Pixinguinha em Ramos. E entre a cidade e a flauta uma saudade sem fim.

AS IMORTAIS

Aponta as suas músicas prediletas: *Maria*, *Agora é cinza*, *Palpite infeliz* e *Bahia é boa terra*, de Ari Barroso, Alcebíades Barcelos, Noel Rosa e Sinhô. Isso dos outros. De suas composições, mais de mil, seu coração pende para o choro *Ingênua*. Diz:

— Sei lá! Esse é o que balança mais o meu sentimento.

João da Baiana ainda tenta argumentar, tirar outras músicas do baú. Pixinguinha corta o caso pela raiz:

— Não, João, é com essa que eu vou.

João muda de copo. E Pixinguinha de assunto.

UMA RUA CHAMADA PIXINGUINHA

Mora em Ramos, numa casa à moda antiga. A casa é dele e a rua também: Rua Pixinguinha. Sua casa tem tudo o que o Rio vem matando a picaretadas de progresso: pés de manga, sapoti, abricó e goiaba. E janelonas, portonas, cada uma de caber dois apartamentos de Copacabana. É assim que o Sr. Alfredo da Rocha Viana Júnior gosta de morar. Ouvindo os pássaros da madrugada e os grilos da noite. Depois do jantar, muitas vezes, Pixinguinha monta sua retreta. O filho Alfredo castiga no piano, Dona Albertina canta e o resto fica por conta do velho Rocha Viana Júnior. Pixinguinha entra em órbita musical. A rua sai, de casa em casa, avisando:

— Tem piano e flauta na casa de Seu Alfredo.

E Seu Alfredo manda para as noites da Rua Pixinguinha as mais lindas músicas do Brasil.

PIXINGUINHA VOLTA AO AZUL

Comecei a conversa com Pixinguinha na Travessa do Ouvidor e acabei em Ramos. Uma lua carioca, feita para histórias de bruxarias, cai sobre nós. Digo adeus a Pixinguinha. A noite despeja sobre ele o seu luar mais peneirado. Vejo Pixinguinha em azul. Como no quadro inesquecível de Di Cavalcanti. No alto, São Jorge, montado em seu cavalo branco, vela por ele como só os santos sabem velar.

Nas mãos do luar

Rachel de Queiroz

O ideal para Rachel de Queiroz é viver em Quixadá, em sua fazenda do Ceará. O subideal para Rachel é morar na Glória, em sua casa carioca da Rua Cândido Mendes. Entre esses dois mundos vive ela. Rachel do sertão e Rachel do asfalto.

UM LIVRO CHAMADO RACHEL DE QUEIROZ

Quando chegou com *O Quinze*, quase em saias de colegial, o Brasil parou alumbrado. Era um modo novo de dizer, um jeito sem igual de escrever. E tudo tão Brasil, tão pau-d'arco, que logo a glória comprou cadeira cativa na casa da moça do Ceará. Todo mundo lia *O Quinze*. Todo mundo falava dele. Era *O Quinze* para lá e *O Quinze* para cá. Um rio de louvação correu de todo o Brasil na direção da porta cearense de Rachel de Queiroz. Nunca houve uma estreia assim. Desembargadores liam Rachel, caixeiros-viajantes liam Rachel, moças de colégio interno liam Rachel. O Brasil cantava de fio a pavio *"Essa mulher há muito tempo me provoca, dá nela, dá nela"* e lia *O Quinze*. Tão falado e badalado que uma ocasião, em certo bazar de Belém do Pará, que vendia caçarolas de cambulhada com Camilo Castelo Branco e José de Alencar, uma freguesa do sertão quis saber que história era essa de *O Quinze*. O caixeiro, com ares de intelectual de balcão, matou a pergunta enquanto embrulhava alguidares e talheres. Assim:

— Quinze escreveu um livro chamado Rachel de Queiroz.

E não exagerava o moço caixeiro. Rachel era uma luminosa invenção de *O Quinze*. De carne e osso.

REGRESSO AO PASSADO

Agora, na idade do sossego, quase quarenta anos depois de *O Quinze* tão sensacional, Rachel, ao contrário de outras celebridades, volta ao quartel-general de sua meninice. É toda, ou quase toda, do Ceará. Cada vez mais alonga o sertão e encurta a cidade. Se pudesse, se não fosse uma Rachel tão importante e necessária, ficaria de vez encravada nas manhãs e tardes de "Não Me Deixes", sua fazenda de boas águas e boas madeiras de Quixadá. De cadeira de balanço, fazendo crochê, ouvindo às seis da manhã o comício cantado e voado da passarada e no rádio de pilha as notícias do dia. Mas há papéis a examinar, processos mais infinitos do que as obras completas de Ponson du Terrail a relatar. E há os pareceres do Conselho Federal de Cultura. Este país, como todos sabem, é movido a despachos e pareceres. E Rachel, que sempre detestou essa literatura de escrivaninha, vive hoje às voltas e revoltas com ela. E vejam como são as coisas! Para não ser burocrata, rejeitou um Ministério inteiro. Jânio Quadros, novinho na presidência da República, ofereceu a Rachel de bandeja o Ministério da Educação. Rachel, avessa ao papel e ao relatório, recusou. Milhões de brasileiros morrem por um Ministério, que para o nativo é um glorioso fim de carreira. E só deixam suas cadeiras a poder de tiros presidenciais, dados à queima-roupa pelo *Diário Oficial*. Pois a tranquila e impecável Rachel mandou embora a importância de ministro. Sem pena nem dó. E foi olhar o céu de Quixadá. As livres estradas de seus passarinhos.

A LAVOURA DO TEMPO

E do convite de Jânio e dos pareceres do Conselho Federal de Cultura a conversa cai, de corpo inteiro, no Rio de hoje e de ontem. Rachel gosta do Rio. Melhor do que isso, Rachel ama o Rio como seu amor primeiro. Mas o Rio do seu bem-querer cada dia vai mudando de jeito e de caráter. A cidade cordial da década de 1930 foi esquartejada a golpes de picareta. É um pastiche do seu manso Rio do Ford bigode. Rachel, uma das mais cintilantes criaturas que Deus já botou neste país, compreende essas modificações que são a lavoura do tempo. O certo é que o Rio do seu interesse morreu de morte matada. Assassinado. O bonde, por exemplo, como um reles barnabé de repartição, foi exonerado e aposentado. Saía da Galeria Cruzeiro e navegava por terras cariocas até os areais e céus de Ipanema em viagens de duzentos-réis por cabeça. As moças faziam crochê em seus bancos de madeira. E os homens eram bem informados porque tinham vagares para largas leituras. Era possível ler as oitocentas páginas da *Toutinegra do moinho* em uma semana de bonde. E quem não quisesse o bonde tinha o ônibus de dois andares, de apelido chope-duplo. Rio de ruas desempenadas, sem muitos carros e sem atropelamentos em série. Nesses dias o sujeito só podia ser acidentado pelos bigodes de ponta retorcida de Raul Pederneiras, pelo charuto de Eugênia Moreyra ou pelos óculos grossos de José Lins do Rego. Rachel, que fala comigo sentada numa cadeira de balanço em sua casa da Rua Cândido Mendes, vai deixando cair nos meus apontamentos estas gotas de memórias:

— Que delícia era o Rio de nossa mocidade, o Rio de trinta anos atrás. Naquele tempo ainda havia navios. A gente chegava com a naturalidade de quem bota o pé na soleira da sua porta.

Tudo isso Rachel já contou em páginas sem igual. Mas é doce rever, em edição nova, da fábrica ao consumidor, esses retratos cariocas que os olhos privilegiados de Rachel fotografaram para a imortalidade. Um Rio cordial, que conversava com todo mundo. Que tinha vagares para cuidar e amar as pessoas. Uma cidade de vida e não de morte.

O XERIFE E O MAIÔ

Uma ocasião, inauguraram no Rio um chefe de polícia de voz grossa, o Dr. Batista Luzardo, gaúcho de Getúlio Vargas. Veio sortido de novidades e portarias. E foi em cima de uma dessas portarias que o bravo xerife estipulou o tamanho dos maiôs, que em sua jurisprudência não deviam encolher mais de vinte centímetros acima do joelho. Logo o comércio, em estilo de gozação, exibiu nas vitrines das lojas os maiôs à Luzardo. E depois de alvejar a tiros de portaria as roupas de banho, o doutor chefe de polícia virou as bocas de fogo contra os piadistas, os Dom Juans de beira de calçada. Sujeito que deixasse cair meio centímetro de palavra na concha do ouvido das moças ou senhoras cariocas era logo atropelado pela portaria do Dr. Luzardo. E Rachel relembrativa:

— A multa era de 20 mil-réis, porque com ele tudo era na base do vinte. Vinte centímetros de maiô e 20 mil-réis por galanteio.

Um caixeiro do falecido Park Royal, que dizia gracejo entre os vagares do almoço, foi preso por infringir as determinações do xerife Luzardo. Na delegacia, confessou meio tristoso:

— Pois é, doutor. Por não ter dinheiro é a quarta grade que pego só nesta semana.

Batista Luzardo, xerife de voz grossa, gaúcho da fornada de 1930, foi o primeiro inimigo republicano do paquerador carioca. Um pobre e ingênuo paquerador. Sem carro e sem lambreta. A pé.

NO CAMINHO DO PIJAMA

E estava a conversa nesse dobrado quando Rachel manda servir queijo do Ceará. Sem cerimônia, avanço sobre a queijada nadando em café. E atrás do café aparece o Dr. Oyama de Macedo, dos Macedos de Goiás, marido de Rachel e conversador de bom conversar. Durante mais de trinta anos não teve outro ofício que o de curar gentes, como doutor dos hospitais públicos da Guanabara. Receitou milhares de receitas, tratou de milhares de brasileiros. Teve uma ilha toda para sua experiente medicina — a do Governador. Bons e largos anos passaram os dois nesse recanto municipal da Guanabara. Rachel escrevendo o seu lindo escrever e Oyama curando seu povo. Gente de colarinho e gravata e gente sem colarinho e sem gravata, pessoinhas simples, os clientes mais amados do bom Oyama. Uma tarde, visitando o cemitério da ilha, o doutor olhou aquele formigueiro de cruzes e de nomes. E balançando a cabeça:

— Dona Rachel, pelo menos a ala leste leva meu nome nos atestados de óbito. Qualquer dia é o cemitério inteiro, Dona Rachel!

E de repente, a Ilha do Governador foi descoberta. Quando chegaram os seus primeiros cabrais e colombos, trazendo edifícios modernos e carros de dois andares, Rachel e mais Oyama viram que era hora de bater em retirada. Também Oyama estava na boca da aposentadoria. Era chegado o seu tempo de pijama.

NA MÃO DO LUAR

Então, veio o tempo do Ceará. Rachel sempre falava nesse querido e sempre adiado projeto de voltar às raízes, à base de sua gente. Falava de leve, pois Oyama, como aquele civilizadíssimo Jacinto, da *Cidade e as serras*, era todo das luzes do asfalto. Vela ou lampião bojudo só mesmo em romance rural. E nas raras entradas que fez pelo sertão de Quixadá, em suas férias de médico, devia pensar, como pensava o requintado Jacinto da invenção do Eça, que era um perigo deixar o Brasil... Mais deixou. Caiu nas garras de um certo luar de "Não Me Deixes" e de suas mãos de veludo nunca mais saiu. Olhou bem, mediu a longa metragem do luarão de Quixadá e disse:

— É de boa qualidade. Melhor do que esse só mesmo o luar de Goiás.

Oyama é brasileiro de Goiás, bairrista de Goiás. Tudo que leve a marca de Goiás tem passagem de graça na admiração de Oyama, principalmente uma certa empada goiana que só falta falar. Obra de arte completa e acabada. Uma dessas sumidades feita de farinha e talento.

LOUVAÇÃO PARA RACHEL

Há quarenta anos, com simplicidade de quem dá bom dia, vem ensinando bom gosto a este país. Rachel de inesquecíveis livros, dona do melhor e mais doce escrever nacional, desde a primeira missa de Cabral ao Brasil do fim dos tempos. Vai chover muita chuva e ventar muito vento antes que Deus, em dia todo especial, resolva editar outra Rachel tipo Quixadá. O Brasil está inteiro em tudo o que escreve e em tudo o que pensa. Com suas fortes madeiras de lei, seus Lampiões, seus retirantes e suas ervas de bugre. E tudo isso de braço dado com os passarinhos do céu e os bichinhos humildes da terra. Tem a força das plantas novas e a bondade das águas puras. Rachel do Ceará, Rachel de São Luís do Maranhão, Rachel do Grão-Pará, Rachel de São Paulo, Rachel sem fronteiras. Rachel de todo o Brasil.

Ninguém mata o arco-íris
Tom Jobim

Quis ser Oscar Niemeyer e acabou sendo Tom Jobim. Oscar burila concreto. Tom burila sonhos. Vejam a garota de Ipanema! O tempo pode passar por ela que será sempre linda. Sempre terá dezoito anos em flor. Estátua nacional, esculpida em vento e som. Imorrível.

O NOME E A FAMA

O nome é comprido: Antônio Carlos Brasileiro de Almeida Jobim. Com a fama, encurtou. É Tom Jobim. Mais portátil, mais funcional. Mora em casa de esquina, nos lonjais do Leblon. Gosto do feitio de sua mansão. Grandona, de altos e baixos, com árvores de verdade e um cachorro de conto policial. Olho a estatura do bicho. Com pequenos retoques, em dia de sexta-feira ("desde que de lua", acrescenta Tom Jobim), pode virar lobisomem. E lobisomem de carreira.

ORADOR DE APARTAMENTO

Não gosta, jamais gostou de apartamento. De noite, quer dar velas soltas ao violão ou ao piano. Não pode porque há os regulamentos, as leis, os decretos e os parágrafos. Não pode isso, não pode aquilo. Cachorro, só empalhado. Passarinho, só em estampa de parede. E há coisa pior. As reuniões dos condôminos. Sujeitos com mania de deputado pedem a palavra e botam para fora seus ruis barbosas por motivo da mudança de uma telha furada. Um houve que citou, a propósito da troca de uma fechadura, não só Cícero como a Tomada da Bastilha. Era um senhor de óculos de tartaruga, muito citador, muito histórico. Tom achou que era sabença demais para faxinas tão pequenas. E trocou de apartamento. Tempos depois, num ônibus, encontrou o referido. Como-vai, como-tem-passado? E na altura da Praça Quinze, o homem dos óculos, ao ver no manso mar da Guanabara uma tartarugante barca da Cantareira, trouxe logo para os ouvidos de Tom Jobim a Batalha de Trafalgar. Era demais! Tom desceu do ônibus e comprou um automóvel.

BACH DE INHAMBU

Se não gosta de apartamentos, gosta de sertão. E quem diz sertão, diz caça, espingardas, macucos, codornas e tatus. Não, não há na comarca do Rio de Janeiro e de Niterói quem pie melhor jaó ou inhambu do que ele. Um gênio, Bach de mato adentro. Sabe em que mês o caçador pode levantar codorna ou capoeira. Por entre cipós, Antônio Carlos tem manhãs de bugre velho, de índio em fim de carreira. Assunta o vento, lê o rastro de uma

capivara ou de um tatu-rabo-mole nas folhas amassadas. Sabe que o macaco barbado quando ronca é sinal de que o tempo vai virar. É o Serviço Meteorológico dependurado em galhos. Anos atrás, quando gastava as pontas dos dedos como pianista de cabaré, nas folgas do trabalho costumava cair no mato. Era seu mestre de caçada um certo e famoso Tico Soledade, que tanto levantava peso como levantava codorna. Tiro certeiro o de Soledade! Tom Jobim ia nas suas águas, marombando, largando um pio e outro. De vez em quando semeava seu chumbo. Tico Soledade logo perguntava:

— Matou?

E Tom:

— Matei não, Tico. É tiro de aviso, de limpeza dos instrumentos.

Tom Jobim! Vinte e tantos anos de mato e cipó e sem um crime. Sem morte de macuco ou capivara. De espingarda imatável. Em suas caçadas a única coisa de asa que morria era a galinha do embornal. Com farofa e rapadura.

O TERRÍVEL CAÇADOR

Tom recolhe as pernas longas ao sofá e fala bravamente, heroicamente, das onças. Fala como um especialista, como um mestre do safári. Afirma abarrotado de convicção:

— Onça no pau é passarinho.

Quer dizer: onça empoleirada, no alto da árvore, é macuco no embornal. Nem tem graça matar de tão facilitoso que é. E nesse ponto largo na sala de Tom Jobim uma pergunta marota:

— Já deu pintada em sua espingarda, dessas de soltar fumaça pelo funil do nariz?

O terrível caçador recua, espantado, como se a pintada já estivesse em sua presença. Não, nunca viu onça nem dela teve notícia. O que mais viu, em nação de mato, foi uma jaguatirica. Estava ele em sossego, em cima de um murundum, quando sentiu aquele andar de sonho. Era ela em pelo e osso, olhando bem dentro dos olhos de Antônio Carlos. O olho da jaguatirica brilhava no mato como brasa de fogueira. Cá entre nós, a jaguatirica é uma onça de curta metragem, assinzinha, mais parecendo um gato inchado. Que fez Tom? Fez nada. Não ia dar atestado de óbito a um bichinho tão lindoso, tão cheio de babados. Era o mesmo que sair disposto a matar uma águia-real e acabar desperdiçando chumbo grosso, de assassinar leões africanos e onças do Pantanal, em cambaxirras de fundo de quintal.

TOM DE MATO ADENTRO

E Tom Jobim continua caçando:

— Macuco gosta de chumbo 5. Já inhambu prefere chumbo 7.

Não pensem, por amor de Deus, que Tom era caçador desmuniciado, de espingarda de cano de guarda-chuva. O moço era monumental! Levava de um tudo, desde remédio contra mordida de surucucu a uma enorme bússola. Mais sortido do que Tom em maré de caça só mesmo as casas especializadas. Uma ocasião, em mato fluminense do Funil, ao aparecer assim tão apetrechado de armas e munições, um caboclo, que roçava sua terrinha de beira de estrada, parou apoiado no cabo da enxada e disse mais ou menos assim:

— Virgem nossa! Vai matar tudo, de não ficar nem bem-te-vi pra remédio de botica.

Tom era assim. Partia para o mato ralo de Magé como se fosse caçar tigres-de-bengala. Ou leões no coração da África.

TIO DE ROMANCE

É afilhado e sobrinho de uma criatura simpaticíssima e inteligentíssima, Marcelo Brasileiro de Almeida, bom de engenharia e bom de violão. Usa colete. E, no verão, colete branco. Visto assim sem mais nem menos, parece um professor universitário em trânsito para uma aula de concreto ou de física nuclear. Em 1943, figura de alto-relevo do governo Amaral Peixoto, foi homenageado, certa ocasião, pela imprensa e classes conservadoras de Campos. Solenidade acabada, discurso enfurnado, recolheu o Dr. Marcelo seu colete e sua pessoa aos lençóis. Foi quando nasceu, bem perto de seu ouvido, em esquina de rua, aquela serenata de muitas cordas e muitas gargantas. Marcelo não chamou a polícia nem espancou os violões a berros de que era um sujeito importante em missão importante. Calmamente, vestiu seu bem-talhado terno e foi reforçar os instrumentos e os gogós da cantoria. E de colete. Esse é o tio que Tom Jobim pediu a Deus. Um tio como não existe mais. Um tio quase de romance.

O AVÔ GENERAL

O Dr. Marcelo é uma das grandes admirações de Antônio Carlos. Admiração em tom maior, sempre presente, sempre atuante. Tio Marcelo é assim, tio Marcelo é assado. Com o mesmo entusiasmo fala do avô Azor, general de muitos títulos e de muitos livros. A casa do avô Azor! Como aquela casa do poema de Manuel Bandeira, Tom Jobim pensou que não acabasse nunca. Mas acabou.

A MÚSICA E O AVIÃO

Detesta avião. Melhor: já entra no avião morto e sepultado, dando como cancelado seu registro civil. Não adianta encher a cara, virar funil de uísque. Logo que o bichão abre as asas, ganhando o céu dos passarinhos, o sujeito é tomado de estranha lucidez. Segundo Tom Jobim, a grande muralha, o intransponível salto de obstáculos para a música brasileira no estrangeiro, não é a falta de publicidade ou planejamento. Tom é categórico:

— É o avião, doutor. O artista brasileiro tem horror a avião.

Tom Jobim sonha com as diligências, essas tremendas devoradoras de distâncias antigas: nada além de 20 quilômetros por hora. O patriota chegava tarde, mas chegava. Suado e empoeirado. Mas chega.

MÚSICA SEM DONO

Nunca viu alma do outro mundo. Mas ouve coisas. Principalmente música. Não música em fatias, mas inteirinha. Vai ele por uma rua e, de repente, é assaltado por essas melodias sem pai nem mãe. Deve ser música de anjo. Que anjo também é bom de garganta.

SE FOSSE DEUS...

Se fosse Deus fazia retornar ao mundo Debussy, Bach, Beethoven, Ravel e o verde-amarelo Villa-Lobos. Com um adendo:
— Não sei se gostariam de voltar nestes tempos de iê-iê-iê. Enfim, isso é por conta deles.

Tom acha que não. E eu também.

TOM E O RELÓGIO

Encontro Tom Jobim preparando as malas para voltar aos Estados Unidos, ao trabalho de seu amigo Frank Sinatra. Desta vez vai sozinho, que Dona Teresa, encanto de sua vida, vai ficar no batente das crianças, cuidando de Carlos, que já está grandão, e de Elisabeth, que já emplacou seus dez anos. Para sua volta aos States leva Tom um bom farnel de livros, desde contos de Hélio Pólvora e crônicas de Eneida aos romances de Adonias Filho e Dalcídio Jurandir. Vai por força de contrato. O bom mesmo seria ficar no Brasil. Cultivando vagabundagens, de vez que só a vagabundagem é criadora. Nesse particular, Tom reza pela cartilha de Di Cavalcanti: adora perder tempo. Em conversas de bar, em bate-papos de rua, na praia ou no mato. O que mais arranha sua sensibilidade brasileira nos Estados Unidos é essa mania que o americano tem de não perder tempo. Todo mundo a 120 quilômetros por hora! Quem governa o grande povo não é a Casa Branca. É essa pequena e antipática engrenagem de contar o tempo chamada relógio. Tiranete de rodas e rodinhas. Sem inteligência. Tocado a óleo.

NINGUÉM MATA O ARCO-ÍRIS

Antônio Carlos Brasileiro de Almeida Jobim, carioca da Tijuca, do bom ano de 1927. Simples. É como canto de bico-de-lacre ou o pio de inhambu-xororó. Talentosão de alto a baixo. Apesar de quarentão, fincou pé nos trinta anos e dos trinta não vai sair mais. Parou o tempo nele. Caçador a seco, sem tiros nem mortes. Uma tarde, estando em banhado de capivara, um beija-flor ficou paradinho, como helicóptero minúsculo, bem na ponta de sua espingarda. Tom agradeceu tanta beleza junta, tanta cor feita de asa. Olhou para o alto, certo de que aquela coisinha tão bem-acabada não podia ser apenas um passarinho. Devia ser um caco de arco-íris desgarrado.

Jeremias é um gênio

Ziraldo

Era famoso em Caratinga. Hoje sua geografia percorre o mundo na quilha das maiores revistas estrangeiras, desde *Fortune*, que fala inglês, a *Planète*, que fala francês. Seu nome: Ziraldo. Tem sempre vinte anos. Em flor.

A INVENÇÃO IMORTAL

Falo com Ziraldo sobre sua certidão de idade. Nasceu no começo da década de 1930, precisamente quando inventaram a mais famosa mulata brasileira, aquela do *O teu cabelo não nega*. O Brasil era governado pelos tenentes de Vargas. O mundo começava a virar talvez a sua página mais tumultuosa. Dizia adeus às melindrosas de piteiras compridas e inventava um certo Adolf Hitler. A prodigiosa era do *jazz* encerrava para sempre seu alegre expediente. Era 1932.

RIFIFI EM INGLÊS

De Caratinga guarda Ziraldo os melhores pedaços de infância. Por isso mesmo, na glória ou na lona, Caratinga está sempre presente em tudo que Ziraldo faz. Volta e meia, como bom mineiro, como Otto Lara ou Fernando Sabino, retorna à base. Percorre terras, águas e montanhas das Gerais. Para tomar gás. Quando não pode viajar pessoalmente, manda representante, que é a sua inesgotável imaginação. E Caratinga aparece sempre como sempre foi: amiga e municipal. Não importa o cimento armado que desceu sobre ela. Para Ziraldo a cidade é sempre a mesma. Conversas de porta de farmácia e de beiço de rua. Com seus discursos de tempo de eleição e seus comeretes e beberetes de casamento e batizado. Ziraldo tira da gaveta de guardados coisas engraçadas de Caratinga. Por exemplo, o inglês de um certo Wallace Martino, que expelia seus *yes* e *good* pelo canto da boca. Por qualquer coisa, Wallace citava celebridades em inglês. Caratinga tinha orgulho disso. Todo mundo dizia:

— Wallace fala melhor que o povo da Inglaterra. Não tem como Wallace para uma conversa de inglês. Não tem!

E assim, de inglês na língua, Wallace comia e bebia sua celebridade. Até que chegou um concorrente na pessoa do filho do promotor público. Uns tomaram partido de Wallace. Outros ficaram com o moço que veio do Rio. E uma tarde houve o encontro dos dois faladores no bar mais afreguesado de Caratinga. Trocaram palavras e das palavras ao bofetão foi coisa de uma vírgula. Houve o diabo. Palavrões impublicáveis, que ninguém entendeu porque ditos em inglês. E Ziraldo, resumindo o bafafá:

— Pela primeira vez no mundo quebraram um bar em língua estrangeira.

Que talvez nem fosse inglês puro. E sim inglês de segunda mão.

INFLAÇÃO DE CELEBRIDADES

Ainda sobre Caratinga:

— É a cidade brasileira que possui, por quilômetro quadrado, o maior número de humoristas deste país. Tem o mano Zélio, tem Vagn, tem Mayrink e tem, modéstia à parte, este seu amigo Ziraldo. Não contando com o cronista Ruy Castro, talentosão como ele só. E ainda com a beleza sem igual de Staël Abelha, que foi Miss Brasil, e a garganta maravilhosa de Agnaldo Timóteo, que canta bonito para o Brasil ouvir.

Cá entre nós, é um exagero. É talento demais para uma cidade só.

JEREMIAS, O IMORTAL

É um dínamo de trabalho e seu dia parece que tem mais de 24 horas. Não é brincadeira o que Ziraldo faz! Mexe em vários ofícios, desde teatrólogo a ilustrador de livros. Confeccionou o maior mural do mundo, o do movimentado Canecão. E ainda tem tempo de criar tipos como esse inesquecível Jeremias, o bom. Jeremias leva muito de Ziraldo. O mesmo jeito de compreender o mundo e as coisas do mundo. Um perdoador nato, que não perde tempo com miudezas. Certa feita deu ladrão na casa de Jeremias. Que fez Jeremias? Chamou a polícia, gritou por socorro? Nada disso. Simplesmente dominou o ladrão e mergulhou a sua ladronice numa vasta panela de comida. O que o sujeito tinha era fome. Assim é Jeremias, meio São Francisco de Assis. Meio Ziraldo, o bom.

MARCA REGISTRADA

É pessoal e intransferível. Tudo que faz, o menor rabisco em papel de embrulho ou as páginas de *Flicts*, leva marca inconfundível. Seu talento jorra pelo ladrão como o vento de Caratinga em mês de agosto. É autêntico da carteira de identidade ao cabelo revolto. Uma ocasião, em festa chique, falavam de música. Uns eram de Debussy, outros de Bach e ainda outros de Brahms. Até que chegou a vez de Ziraldo dizer qual a música de seu bem-querer. E Ziraldo:

— Bolero, minha senhora.

E a distinta senhora:

— Bolero de Ravel, não é?

E Ziraldo:

— Que Ravel, que nada! Eu sou do bolero propriamente dito. Daquele de soltar gemidos pelos parafusos, minha senhora!

E saiu cantando *Besame mucho*. A meio-tom.

REVOLUÇÃO NUMA CAIXINHA PLÁSTICA

E volta a falar de Caratinga, que é o seu constante bem-querer. Caratinga de hoje está completamente modificada pela chamada "picareta do progresso". A outra é apenas um retrato na parede. E Ziraldo:

— Caratinga da década de 1930 não existe mais. Veio o rádio, veio a televisão e veio o transistor, seu doutor! O transistor modificou tudo, passou a vida a limpo. A gente chega numa vendinha de beira de estrada e o vendeiro saca frases do último discurso do presidente dos Estados Unidos ou da Polônia. Está mais bem informado do que as agências telegráficas. Discute política municipal e internacional como um deputado da Câmara Federal. Em resumo, já tem botequineiro, entre um pau-pereira e uma soda limonada, citando Kafka...

É a literatura em massa. É o transistor de velas soltas. É a revolução numa caixinha plástica.

UMA DE FUTUROLOGIA

Ziraldo é todo do futuro, da máquina e dos dias maravilhosos que estão nascendo nos braços dessa engrenagem. É chegado o tempo das molas e parafusos. Segundo Ziraldo, em hora de filosofia, o homem só será inteiramente bom e livre, como Jeremias, pelo conhecimento das coisas. E a massa de conhecimentos que ele recebe hoje, por todos os meios modernos de comunicação, é vasta. Vem em caminhões. Por tudo isso é que Ziraldo faz fé no futuro. As novas descobertas, mais fabulosas do que as de Colombo, resolverão todos os problemas da vida. Dentro de alguns anos, o sujeito, para morrer, terá de fazer requerimento às autoridades competentes. Dia virá em que o Sr. João da Silva vai morar em Caratinga e trabalhar na África. E Ziraldo encadernado em Futurologia:

— As distâncias terão desaparecido por completo. O distinto, ao botar os borzeguins, avisa em casa: "Apronta o almoço que vou a Paris e volto na asa das onze horas."

Ziraldo, que conversa comigo na sua oficina de último andar do Lido, vai à janela. Um avião moderníssimo raspa o céu carioca. Ziraldo sorri pensando na velharia que esse comedor de distância será dentro de mais alguns anos. Porque o homem de amanhã andará com pés de luz. Verdadeiro tempo de mágicos. Tirando mundos novos da cartola.

ESSAS MARAVILHOSAS MÁQUINAS

E, a propósito, conta aquela anedota do avião mais moderno do mundo. Era um aparelho que não parava nem falhava. E em pleno voo, sem piloto e sem mais nada, a boca funcional da máquina começou a dizer das maravilhas que era aquela invenção:

— Estamos sobre o Atlântico e chegaremos impreterivelmente a Roma às 14 horas, dez minutos e dois segundos. Sem nenhuma falha. A viagem é segura. Boa tarde e até lo... lo... lo...

Não deu até logo porque enguiçou. A maravilha abriu falência.

PRUDÊNCIA EM UMA FRASE

Fala do temperamento mineiro. E cita o Dr. Magalhães Pinto como exemplo dessa velha prudência das Gerais. Um dia perguntaram ao arguto Magalhães qual era a posição de Minas em face de determinado acontecimento. E Magalhães tranquilo e bem-humorado:

— Minas está onde sempre esteve.

E não disse mais nada. Nem era preciso dizer.

ZIRALDO, CRAVO E CANELA

Assim é Ziraldo. Na íntegra, Ziraldo Alves Pinto, mineiro da década de 1930, quando o Brasil inventou a mulata do *O teu cabelo não nega*. Autor de sucessos em pilhas, desde *Este banheiro é pequeno demais para nós dois* a esse admirável *Flicts*. Criador de gente como Jeremias, que certamente sobreviverá ao seu talentoso autor, como o velho Pafúncio ou algumas imortalidades de Disney. Ziraldo simples como as boas águas das nascentes das Gerais! Sem pontos e vírgulas. Natural. Que tem o prazer das descobertas. Seu navio está sempre de velas soltas para as grandes navegações. Para o mar municipal de Maricá. Ou para as Índias do cravo e canela.

ÍNDICE ONOMÁSTICO

ABREU, Brício de, 91, 145, 171
ABREU, Casimiro de, 86, 123, 252
ADEMIR, 183
ADONIAS Filho, 285
ALEIJADINHO, O, 43, 155, 225, 242
ALENCAR, José de, 26, 126, 271
ALMEIDA, Azor, 283-4
ALMEIDA, Guilherme de, 207, 208
ALMEIDA, Marcelo Brasileiro de, 283
ÁLVARUS, 126
ALVES, Ataulfo, 72, 83
ALVES, Castro, 26
ALVES, João, 198
ALVES, Maria, 198
AMADO, Gilberto, 109
AMADO, Jorge, 92, 100, 106, 109, 169, 172, 181, 217
AMARAL, Tarsila do, 118
AMARILDO, 146
AMÍLCAR, 161
ANDRADE, Carlos Drummond de, 29, 84, 126, 169, 223
ANDRADE, Mário de, 132
ANYSIO, Chico, 70, 251
APPE, 126
ARANHA, Osvaldo, 214
ARANTES, Altino, 191
ASSIS, Machado de, 126, 136, 182

ASSIS, São Francisco de, 119, 177, 289
ÁVILA, Santa Teresa de, 119
ÁVILA, Walter d', 74

BABO, Lamartine, 92, 265
BACH, 61, 67, 82, 83, 279, 285, 290
BALZAC, 106, 182, 231
BANDEIRA, Antônio, 135
BANDEIRA, Manuel, 27, 130, 284
BARA, Theda, 152, 179
BARBOSA, Francisco de Assis, 109
BARBOSA, Haroldo, 142
BARBOSA, Rui, 174, 230-1
BARCELOS, Alcebíades, 268
BARRETO, Ivone, 148
BARRETO, Lima, 109
BARRETO, Luís Carlos, 167
BARROSO, Ari, 142, 265, 268
BEATLES, 67
BECKER, Maria, 68
BEETHOVEN, 61, 67, 82, 285
BELTRÃO, Hélio, 114
BERGAMINI, Adolfo, 30
BERGMAN, Ingrid, 104
BERNARDES, Artur, 179
BETHÂNIA, Maria, 67, 161, 218
BEVILÁQUA, Clóvis, 129
BICHO, Guttman, 23
BILAC, Olavo, 201

BLANCO, Billy, 74
BLOTA Júnior, 140
BONAPARTE, Napoleão, 165
BORGES, Jorge Luís, 109
BORORÓ (Alberto de Castro Simoens da Silva), 188
BRAGA, Rubem, 35, 152
BRAHMS, 67, 290
BRILLAT-SAVARIN, 88
BUENO, Amador, 199
BUZZONE, Frederico, 148

CABRAL, Pedro Álvares, 41, 79
CAMINHA, Pero Vaz de, 66, 79, 150, 173
CAMÕES, Luís de, 208, 258
CAMPOS, Eduardo (Didu) de Sousa, 106
CAMPOS, Humberto de, 227
CAMPOS, Paulo Mendes, 152
CAMPOS, Roberto de Oliveira, 94
CAMPOS, Teresa de Sousa, 106
CANTU, César, 90
CARDIN, Pierre, 106
CARDOSO (Turunas de Monte Alegre), 139
CARDOSO, Elizeth, 45, 135
CARIBÉ, 223
CARLITOS, 164
CARLOS, Antônio, 214
CARLOS, J., 226
CARLOS, Roberto, 83
CARPENTIER, 109
CARVALHO, Flávio de, 67
CASTELO BRANCO, Camilo, 22, 271
CASTELO BRANCO, Humberto de Alencar, 187

CASTRO, Moacir Werneck de, 152
CASTRO, Ruy, 289
CAVALCANTI, Valdemar, 35, 87, 103
CAXIAS, Duque de, 31, 195
CAYMMI, Dorival, 83
CELESTINO, Vicente, 145
CÉZANNE, 43
CHAGAS, Walmor, 66, 259
CHATEAUBRIAND, Assis, 109
CHAVES, Edu, 191
CHICHARRÃO, 251
CHOPIN, 208
CÍCERO, 279
CLAY, Cassius, 148
COLOMBO, Cristóvão, 78, 93, 148, 291
CONDÉ, João, 132
CORRÊA, Eduardo Alvim, 118
CORRÊA, Roberto Alvim, 118
COSTA, Osvaldo, 34
COSTA FILHO, Odylo, 119
COUTINHO, 43
COUTINHO, Gago, 226
COUTO, Pedro, 125
CRAVO, Mário, 223
CUNHA, Euclides da, 26
CUNHA, Flores da, 188

DAMM, Flávio, 136
DANÇARINO, Duque, 31
DEBRET, 74
DEBUSSY, 61, 285, 290
DELFIM, Antônio, 95
DELFIM NETO, Antônio, 66, 94, 167
DI CAVALCANTI, Emiliano, 103, 121, 152, 221, 261, 269, 285

DIAS, Margot, 249
DIAS, Miriam, 249
DIDI, 146, 245
DIETRICH, Marlene, 111
DISNEY, Walt, 293
DJANIRA, 67
DONGA, 262
DOYLE, Conan, 63, 155
DUMONT, Alberto Santos, 58
DUTRA, Eurico Gaspar, 229, 250

EÇA, Luís, 23
EINSTEIN, Albert, 122
EISENHOWER, 153
ENEIDA, 142, 285
ESTÊVÃO, Carlos, 126

FAUSTO, 188
FERNANDES, Jorge, 146
FERREIRA, Aída, 58
FERREIRA, Ascenso, 127, 174
FERREIRA, Bibi, 54
FERREIRA, Procópio, 57, 251
FIGUEIREDO, Wilson, 161
FONSECA, Manuel Deodoro da, 33
FORTES, 161
FRANCE, Anatole, 182, 217
FRANCO, Rodrigo de Melo, 118
FRANCO, Virgílio de Melo, 227
FREIRE SOBRINHO, Vitorino, 102
FREUD, 168
FRIEDENREICH, 161
FURTADO, Celso, 213

GANTOIS, Menininha dos (Escolástica Maria de Nazaré), 197
GARCEZ, Lucas, 191
GARDEL, Carlos, 107

GARRINCHA, 40, 51, 127, 199, 240, 245
GAULLE, Charles de, 205, 213, 241
GÉRSON, 40, 245
GIAMPAOLO, 96
GIL, Gilberto, 169
GILMAR, 162
GOLIAS, Ronald, 74, 216, 251
GRACIANO, Clóvis, 121
GRIECO, Donatello, 23
GRIECO, Francisco de Assis, 23
GRIECO, Isaura, 24
GRIECO, Paschoal, 25
GUEDES, Maria Luísa, 105, 112
GUIA, Domingos da, 158, 183, 245
GUIGNARD, Alberto da Veiga, 36
GUIMARÃES, Ulisses, 100

HEITOR, 161
HERODES, 74
HITLER, Adolf, 52, 144, 153, 287
HOLANDA, Aurélio Buarque de, 35, 173, 175
HOLLANDA, Chico Buarque de, 45, 72, 77, 84, 100, 161, 184, 259
HOLLANDA, Maria Amélia Buarque de, 79, 81, 84
HOLLANDA, Sérgio Buarque de, 77, 78, 79, 81, 82
HONÓRIO, 243
HORTA, Pedroso, 107

ISRAEL, Francisco de Ávila, 96, 102

JACÓ DO BANDOLIM, 142
JAGUARÉ, 188
JAIRZINHO, 38
JANNINGS, Emil, 111

JARDEL FILHO, 259
JOÃO VI, 90, 115, 215, 236
JOÃO DA BAIANA, 262, 263, 268
JOBIM, Danton, 134
JOBIM, Elisabeth, 285
JOBIM, Paulo, 285
JOBIM, Teresa, 285
JOBIM, Tom, 134
JORGE, Salomão, 27
JUBIABÁ (Severino Manuel de Abreu), 197
JUNQUEIRO, Guerra, 178
JURANDIR, Dalcídio, 182, 285

KAFKA, 126, 132, 175, 291
KAISER (Guilherme II), 171, 198
KENNEDY, John Fitzgerald, 254

LACERDA, Carlos, 35, 152
LAGO, Mário, 83
LEÃO, Nara, 100
LEONOR, Alzira, 65
LETÍCIA, Ana, 121
LIMA, Alceu Amoroso, 126
LIMA, Pe. Camilo Alves de, 197
LIMA, Jair Negrão de, 188
LIMA, Marisa Alves de, 223
LIMA, Raul, 35
LINCOLN, Abraham, 254
LINDBERGH, 58
LINS, Álvaro, 92, 217
LYRA, Carlos, 134
LISPECTOR, Clarice, 223
LOBO, Fernando, 48, 131
LOUIS, Joe, 148
LUÍS, Washington, 30, 91, 95
LUZARDO, Batista, 273

MACEDO, Oyama de, 275
MACHADO, Alcântara, 193
MAGALHÃES JÚNIOR, Raimundo, 15, 26, 62
MANGA, 161
MARAJÁ, Raynero, 90
MARCIER, Émeric, 118
MARIA, Antônio, 48, 142
MARQUES, Armando, 235
MARQUES, José Nunes, 39, 40, 45
MARTINO, Wallace, 288
MARTINS, Aldemir, 135
MARTINS, Maria, 118
MARTINS, Rosendo, 125
MARX, Karl, 168
MATARAZZO, 110
MATEUS, São, 123
MAUÁ, Barão de, 215, 236
MAYRINK, 289
MAZZILLI, Ranieri, 107
MCCARTHY, Luther, 147
MEDEIROS, Maurício de, 227
MELO NETO, João Cabral de, 169
MENDONÇA, Marcos Carneiro de, 161
MESQUITA, Armênio, 142
MIRANDA, Sá de, 223
MOLIÈRE, 253
MONTELLO, Josué, 217
MORAES, Vinicius de, 100, 152, 169, 223
MOREIRA, Aimoré, 167
MOREIRA, Zezé, 241
MOREYRA, Álvaro, 32, 35
MOREYRA, Eugênia, 273
MOSES, Herbert, 34
MOZART, 67, 259
MUSSOLINI, Benito, 52, 144

NABUCODONOSOR, 90
NASSER, David, 233, 238
NEVES, Berilo, 204
NIEMEYER, Oscar, 278
NOGUEIRA, Armando, 179, 242

OITICICA, José, 125
OLINTO, Antônio, 238
OLIVEIRA, José Luís de, 188
OLIVEIRA, Juscelino Kubitschek de, 210
OLYMPIO, José, 173, 186-194
OTTONI, Décio Vieira, 167
OVALLE, Jaime, 155

PACE, Ugo di, 207
PAES, Fernão Dias, 194
PANCETTI, 36, 121
PEÇANHA, Nilo, 125
PEDERNEIRAS, Raul, 92, 179, 272
PEDRO I, 32, 46, 115, 236, 255
PEDRO II, 32, 199
PEIXOTO, Amaral, 283
PELÉ, 38, 40, 42, 52, 126, 183, 199, 239, 245
PELKEY, Arthur, 147
PELLEGRINO, Hélio, 152, 155
PENA, Martins, 54
PENA, Randulfo Augusto de Oliveira, 25
PENTEADO, Sílvio, 159
PEREIRA, Bolívar Martins, 188
PESSOA, Fernando, 84, 223
PHILIPE, Gerard, 60
PICASSO, Pablo, 67, 110
PILATOS, 247
PÍNDARO, 161

PINTO, Carlos Alberto de Andrade, 95
PINTO, Magalhães, 292
PINTO, Marino, 138, 142
PINTO, Sobral, 253
PINTO, Zélio Alves, 289
PITANGUY, Ivo, 205
PIXINGUINHA (Alfredo da Rocha Viana Júnior), 261
PÓLVORA, Hélio, 285
PORTINARI, Cândido, 36, 67, 119, 186
PORTO, Sérgio (Stanislaw Ponte Preta), 207
PRESLEY, Elvis, 83
PROKOFIEV, Sergei, 208
PROUST, 223
PUCCINI, 162
PUJOL, Alfredo, 193

QUADROS, Jânio da Silva, 44, 141, 271
QUEIRÓS, Eça de, 23, 126, 182, 276
QUEIROZ, Rachel de, 91, 173

RAMOS, Graciliano, 91, 186, 259
RAVEL, 285, 290
REBELO, Marques, 35, 92, 127, 151, 175, 190, 206, 239
REGO, José Lins do, 35, 76, 91, 194, 273
RESENDE, Otto Lara, 152, 155, 288
RIBEIRO, Agildo, 251
RIBEIRO, Carlos, 87
RICARDO, Cassiano, 207
RIMBAUD, 255
RIO BRANCO, Barão do, 217

ROCHA, Carlito, 243
ROCHA, Glauber, 223
RODRIGUES, Augusto, 107
RODRIGUES, Nelson, 165, 238
ROMEU, 183
ROSA, Guimarães, 100, 109, 162, 194
ROSA, Noel, 72, 83, 268
ROSSELINI, Roberto, 104

SÁ, Luís, 126
SABINO, Fernando, 60, 288
SALAZAR, Antônio de Oliveira, 107
SALES, Herberto, 24
SALOMÃO, 123
SANTOS, Nelson Pereira dos, 169
SANTOS, Nílton, 158, 183
SARTRE, Jean-Paul, 109
SCHMIDT, Augusto Frederico, 109
SHAKESPEARE, 258
SHAW, George Bernard, 61
SILVA, Artur da Costa e, 237
SILVA, Leônidas da, 183
SILVA, Maria Helena Vieira da, 119
SILVA, Mota e, 118
SILVEIRA, Roberto, 200
SINATRA, Frank, 285
SINHÔ (José Barbosa da Silva), 268
SOARES, Luís, 188
SOARES, José Carlos de Macedo, 193, 228
SOARES, José Eduardo de Macedo, 227
SÓFOCLES, 253
SOLEDADE, Tico, 281
SOUSA, Pompeu de, 35
SOUSA, Lourdes de, 135
STAËL, Abelha, 289
STAMATO, Ione, 118

TADEU, 183
TAVARES, Odorico, 109, 197, 219
TCHAIKOVSKY, 162
TELÊ, 43
TERRAIL, Ponson du, 271
TIM, 183
TIMÓTEO, Agnaldo, 289
TOSTÃO, 239
TUTANCÂMON, 56

VAGN, 289
VALADARES, Benedito, 264
VALENTINO, Rodolfo, 152, 179, 200
VAN GOGH, 67
VARGAS, Benjamim (Beijo), 33
VARGAS, Getúlio Dornelles, 33, 60, 91, 92, 153, 186, 199, 215, 229, 251, 259, 273, 287
VASCONCELOS, José, 179
VELOSO, Caetano, 169
VELLOSO, Canô, 220
VERÍSSIMO, Janjão, 263
VERLAINE, 22, 101
VIANA, Albertina Rocha, 261
VILLA-LOBOS, Heitor, 51, 67, 129, 169, 208, 285
VILLAR, Leonardo, 259

ZIEMBINSKY, 259
ZIMBO TRIO (Hamilton Godoy, Rubinho Barsotti e Luís Chaves), 142
ZIRALDO, 75, 126
ZIZINHO (Tomás Soares da Silva), 242

QUANDO FORAM PUBLICADAS AS ENTREVISTAS FEITAS POR J. C. C.

As 35 entrevistas que constituem *Ninguém mata o arco-íris* saíram nas revistas cariocas dos Diários Associados: *O Cruzeiro* e *A Cigarra*. Nesta ordem:

Chico Buarque	18-03-67	Maria Bethânia	13-01-68
Aparício Torelly	01-04-67	Cacilda Becker	03-02-68
Bibi	22-04-67	Djanira	27-04-68
Agrippino Grieco	29-04-67	Mário Andreazza	08-06-68
Jarbas Passarinho	13-05-67	Francisco Mignone	15-06-68
Delfim Neto	27-05-67	Glauber Rocha	06-07-68
Di Cavalcanti	24-06-67	Juscelino Kubitschek	03-08-68
Pixinguinha	15-07-67	Fernando Sabino	21-09-68
Eliezer Rosa	29-07-67	Elizeth Cardoso	05-10-68
Chico Anysio	19-08-67	Armando Marques	10-10-68
Paulo Autran	26-08 67	Rachel de Queiroz	02-11-68
Tom Jobim	16-09-67	José Olympio	09-11-68
Oscarito	23-09-67	Marcial Dias Pequeno	30-11-68
Joãozinho da Goméia	21-10-67	Augusto Rodrigues	07-12-68
Edu Lobo	28-10-67	Ziraldo	01-70
Nílton Santos	11-11-67	Dalcídio Jurandir	02-70
Fernando Barreto	18-11-67	Herberto Sales	31-03-71
Juca Chaves	25-11-67		

Este livro foi impresso no
Sistema Digital Instant Duplex
da Divisão Gráfica da Distribuidora Record
Rua Argentina, 171 – Rio de Janeiro, RJ
para a
Editora José Olympio Ltda.
em setembro de 2013

*

81º aniversário desta Casa de livros, fundada em 29.11.1931